Chris Bloom

Und was, wenn es *gut* wird?

Wie du deinen Unsicherheiten begegnest und das Leben lebst, das du dir wünschst

mvgverlag

Bibliografische Information der Deutschen Nationalbibliothek
Die Deutsche Nationalbibliothek verzeichnet diese Publikation in der Deutschen Nationalbibliografie. Detaillierte bibliografische Daten sind im Internet über https://dnb.de abrufbar.

Für Fragen und Anregungen
info@mvg-verlag.de

Originalausgabe
2. Auflage 2023

Türkenstraße 89
80799 München
Tel.: 089 651285-0
Fax: 089 652096

Ein Projekt von dots&plots.

Redaktion: Dr. Sybille Beck
Umschlaggestaltung: Manuela Amode
Umschlagabbildung: © Farina Deutschmann
Layout und Satz: Müjde Puzziferri, MP Medien, München
Druck: CPI books GmbH, Leck
Printed in the EU

ISBN Print 978-3-7474-0521-5
ISBN E-Book (PDF) 978-3-96121-911-7
ISBN E-Book (EPUB, Mobi) 978-3-96121-912-4

Wir produzieren nachhaltig
www.m-vg.de

Weitere Informationen zum Verlag finden Sie unter
www.mvg-verlag.de
Beachten Sie auch unsere weiteren Verlage unter www.m-vg.de

Inhalt

Vorwort von John Strelecky

Wie können wir ein erfülltes Leben führen? Wie können wir uns von den Erwartungen der anderen lösen? Wie schaffen wir es, alten Ballast loszulassen? Wie können wir zerstörerische Glaubenssätze umkehren? Chris und ich haben lange Gespräche über diese und andere Fragen geführt. Einige waren geplant. Andere ergaben sich völlig unerwartet. Diese unerwarteten Begegnungen haben für mich eine ganz besondere Bedeutung. Ich habe gelernt, dass es wichtig ist zuzuhören, wenn eine leitende Präsenz mich in eine bestimmte Richtung oder zu einem bestimmten Gespräch zu bewegen scheint, denn in solchen Fällen lerne ich immer etwas Kraftvolles und Unerwartetes.

Ich habe Chris zum ersten Mal getroffen, als wir zusammen an einem Zoom-Interview für seinen Podcast »Realtalk für deine Seele« gearbeitet haben. Ich hatte das Vergnügen, ihm persönlich zu begegnen, als ich auf Tournee für *Überraschung im Café am Rande der Welt* war, das vierte Buch der Reihe *Das Café am Rande der Welt.* Wir hatten ein weiteres großartiges Gespräch und wieder einmal wurde mir klar, dass er ein sehr tiefgründiger Denker mit einem großen Herzen ist.

Ich verließ das letzte Treffen in der Erwartung, dass sich unsere Wege irgendwann wieder kreuzen würden, und freute mich auf den Zeitpunkt, an dem es so weit sein würde. Ich ahnte nicht, dass diese nächste Kreuzung einer dieser unerwarteten, verrückten, zufälligen

Momente des Lebens sein würde. Einige Monate später war ich nämlich in Köln, um an einem Projekt zu arbeiten. Ich war gerade angekommen und ging mit meinem Gepäck im Schlepptau die Straße hinunter, auf der Suche nach einem Café, in dem ich ein oder zwei Stunden verbringen konnte, bis mein Zimmer frei wurde. Als ich an einer Kreuzung stand und darauf wartete, dass die Ampel grün wurde, hörte ich jemanden rufen: »Hey, John!« Zu meiner großen Überraschung saß Chris nur wenige Meter von mir entfernt hinter dem Steuer seines Autos.

Ich lebe eigentlich in Florida, in den Vereinigten Staaten. Chris lebt in der Schweiz. Wie groß war also die Wahrscheinlichkeit, dass wir beide uns zur selben Sekunde an genau dieser Kreuzung in Köln über den Weg laufen? Offensichtlich hatte das Universum etwas im Sinn. Wir hatten beide einen vollen Terminkalender und viel zu tun in den kommenden Tagen, aber wir versprachen, unser Bestes zu tun, um uns zu treffen, bevor wir abreisten.

Nun, das Universum wollte offenbar noch deutlicher werden, denn in den nächsten zwei Tagen trafen wir uns noch vier weitere Male in der Stadt. Es war unglaublich. Also nahmen wir uns endlich Zeit, setzten uns hin und führten ein tolles Gespräch über Beziehungen, Eltern-Kind-Beziehungen, über die ich wegen des neuen Café-Buches viel gesprochen hatte, Liebesbeziehungen, weil Chris gerade eine beendet hatte, Freundschaften und vieles mehr.

Chris weiß, wie wichtig Beziehungen für unser Lebensglück sind – und dass die wichtigste Beziehung nicht im Außen, sondern im Innen stattfindet. Er erzählte mir von seinen Ideen, die er rund um das einfache, aber wirkungsvolle Prinzip »Liebe dich selbst und der Rest wird folgen« entwickelt hatte. Ich konnte mich mit vielem von dem, was er sagte, identifizieren. In meinem eigenen Leben und in meiner Arbeit mit anderen habe ich festgestellt, dass die Art und Weise, wie wir uns selbst betrachten und behandeln, einer der wichtigsten Faktoren dafür ist, ob wir das Leben leben, das wir wirklich wollen. Es ist auch einer der wichtigsten Faktoren dafür, ob wir uns wahrhaftig auf andere einlassen und ein positiver Teil ihres Lebens sein können. Wie Chris zu sagen pflegt: Wir bekommen zurück, was wir ausstrahlen.

Die Tatsache, dass du dieses Buch in die Hand genommen hast und diese Zeilen liest, könnte eine Fortsetzung der verrückten Begegnungen zwischen Chris und mir in Köln sein. Bücher haben eine ganz eigene Energie. Sie scheinen uns genau dann zu finden, wenn wir die Inspiration, die sie enthalten, am meisten brauchen. Ich kann zwar nicht genau sagen, warum du und dieses Buch eine Verbindung zueinander habt oder welche Auswirkungen es auf deine Beziehung zu dir selbst oder zu anderen haben wird, aber ich vermute, dass es einen Grund gibt. Wenn du Chris' Worte liest, seine Geschichte hörst und die Ideen und Konzepte, die er mit dir teilt, erforschst, wirst du etwas Besonderes und Wichtiges für dein Leben entdecken.

Viel Spaß beim Lesen!

John Strelecky

Vorwort von Chris Bloom

Ich freue mich so sehr, dass du dieses Buch in den Händen hältst. Hier stecken so viel Liebe, Energie und Erfahrungen drin, dass ich es kaum abwarten kann, all diese Inhalte mit dir zu teilen. Deshalb halte ich mein Vorwort sehr kurz. Nur eines will ich dir mitgeben: All diese Seiten sollen keine Deko im Bücherregal sein, sondern ein Teil deines Weges. Arbeite mit dem Buch, streiche dir Stellen an, klebe Post-its hinein, schreibe an den Rand oder in ein Notizbuch, was dir in den Sinn kommt. Jeder wird hier etwas anderes für sich mitnehmen. Sei offen für alles, was dir im Laufe des Lesens in den Sinn kommt. Fülle die Leerstellen zwischen den Buchstaben und Zeilen mit Erfahrungen und Gedanken. Kreiere deinen Sinn. Kreiere dein Leben.

Aus Gründen der besseren Lesbarkeit verwende ich im Folgenden die männliche Form (generisches Maskulinum), wobei alle Geschlechter gleichermaßen gemeint sind. Es ist mir wichtig zu betonen, dass dies ausschließlich redaktionelle Gründe hat.

Hinweis: Alle in diesem Buch genannten Namen wurden geändert.

1. Wie alles begann

Als ich ein kleiner Junge war, etwa fünf Jahre alt, wollte ich Astronaut werden. Ich erinnere mich noch gut an einen kalten, sternenklaren Frühlingsabend, an dem ich bei meiner Großmutter zu Besuch war. Ich durfte mich nach dem Zähneputzen mit einer Wolldecke auf die Gartenliege kuscheln und starrte in den Sternenhimmel.

»Oma, was muss ich tun, um wirklich mal ins Weltall zu fliegen?«, fragte ich meine Großmutter.

Sie lächelte mich liebevoll an. »Streng dich in der Schule an, glaub an dich und hör nie auf zu träumen.«

»Mhm«, machte ich und schaute wieder nach oben.

Hör nie auf zu träumen. Glaub an dich. Meine Großmutter wäre in einem anderen Jahrzehnt wahrscheinlich eine Top-Influencerin gewesen, wenn sie ihre Weisheiten in stylischen, pastellfarbenen Zitate-Postings geteilt hätte.

Doch damals gab es kein Instagram, und ich … nun ja, ich war fünf Jahre alt. Dieses komische Erwachsenengerede konnte bei mir noch nicht viel auslösen. Dabei hat meine Oma genau das Richtige gesagt: Sie hatte mich ermuntert zu träumen und an mich zu glauben. Astronaut, warum nicht? Irgendwer muss den Job schließlich machen.

Doch als ich in die Schule kam, wurden meine Luftschlösser immer kleiner. Ich schaute weniger in den Himmel und mehr in Schulbücher. Statt Träumereien warteten Verpflichtungen. Meine Mutter fand, dass »Astronaut« kein realistischer Berufswunsch sei. Sie erklärte mir, wie wichtig es sei, einen ordentlichen, sicheren Beruf zu wählen. Pfarrer zum Beispiel. Oder Lehrer.

Da wollte ich also Astronaut werden und die unendlichen Weiten unseres Weltraums erforschen, doch meine Mutter sah mich im muffigen Klassenzimmer stehen. Ein himmelweiter Unterschied, im wahrsten Sinne des Wortes. Doch weil ich ein kleiner Junge war, der seine Mama liebte und ihr nacheiferte, sagte ich brav »Pfarrer oder Lehrer«, wenn jemand fragte, was ich denn mal werden wolle. Je häufiger ich es aussprach, desto mehr glaubte ich es selbst.

In den ersten Schuljahren lernte ich ein paar Jungs kennen, mit denen ich mich anfreundete. Wir bauten Baumhäuser, holten uns blaue Flecken beim Klettern und fühlten uns irre stark. Ich weiß noch, wie wir alle zwischen den Ästen eines Baumes hingen und uns unterhielten. Ich war vielleicht acht oder neun Jahre alt und hatte den Jungs gerade von einem Gespräch mit meiner Mutter erzählt.

»Du besprichst *Gefühle* mit deiner *Mama*? Heulst du auch vor ihr?«, fragte einer der älteren Jungs. Ich antwortete nicht und schaute nur zu Boden. Er fing an zu lachen, die anderen stimmten ein. Sie riefen: »Mama-Söhnchen!«, »Bist du ein Mädchen, oder was?« und »Heulsuse!«.

Erwachsenen würde man in solch einem Moment sagen: Lass sie doch reden. Aber mal ehrlich: Das fällt uns doch sogar mit Mitte 30 noch schwer. Ausgelacht zu werden ist ein mieses Gefühl. Immer. Erst recht als vorpubertierender Junge. In diesem Moment habe ich verinnerlicht: Jungs reden nicht über Gefühle. Mit Mama erst recht nicht. Ich wollte cool sein, einer der beliebten Jungs sein, dazugehören, bewundert werden. Dabei erwischte mich das Bild der toxischen

Männlichkeit mit voller Breitseite: *Ängste sind was für Mädchen! Echte Männer zeigen keine Gefühle, sondern müssen stark sein! Ich muss der Schnellste und Beste sein!*

Ich hörte diese Glaubenssätze so oft, dass sie mir in Fleisch und Blut übergingen, ja dass ich sie selbst irgendwann sagte, zu mir und zu anderen. Schon als ich neun Jahre alt war, spürte ich: Wenn ich dazugehören will, darf ich nicht ich selbst sein. Zumindest nicht so ganz. Alles, was uncool wirken könnte, versteckte ich vor der Außenwelt. Mit meiner Mutter und meiner Oma sprach ich nicht mehr ganz so offen wie früher.

Ich trug die Maske des starken, coolen Jungen, der immer vorn mit dabei war und weder Angst noch schwache Momente kannte. Und ich muss zugeben: Ich trug sie mit Stolz. Es fühlte sich richtig an, die Maske passte mir gut und half dabei, die Rolle des mutigen Typen einzunehmen. Diese Rolle verfestigte sich über die Jahre, auch auf dem Gymnasium. Die anderen waren Weicheier, ich war ein ziemlich großartiger Typ. Mein Umfeld gab mir recht: Ich war beliebt, wurde beim Sport immer als Erster gewählt und gehörte zu den angesagten Jungs. »Alles richtig gemacht«, dachte ich, und wägte mich in Sicherheit.

Heute – einige Jahre älter, etwas faltiger und glücklicherweise auch klüger – weiß ich, dass hinter solchen »Auftritten« eine Menge Unsicherheit steckt. Es ist oft die Suche nach Anerkennung von außen, um sich nicht zu sehr mit sich selbst beschäftigen zu müssen. Anders gesagt: eine traurige Maskerade der Unsicherheit. Kennst du dieses Bild, bei dem ein trauriger Smiley eine lachende Maske vor das Gesicht hält? Genau. Das war ich. Unsicherheit entsteht, wenn wir mit neuen Herausforderungen konfrontiert werden, auf keinen Erfahrungsschatz zurückgreifen können und vor allem nicht mit dem eigenen Herzen in Verbindung stehen. Wenn du weißt, wer du bist, was du willst, welche Werte dir wichtig sind und was du fühlst, dann verschwindet die Unsicherheit. Sogar in jenen Momenten, in denen dir Erfahrungswerte fehlen.

Von diesem Zustand der Verbundenheit zu meinem Herzen war ich damals allerdings weit entfernt. Ich tat so, als wäre ich ein cooler Typ, doch in mir nagten die Selbstzweifel. Statt mich damit auseinanderzusetzen, wurden gespielte Sicherheit und Selbstverleugnung zu den Grundpfeilern meiner Identität.

Klingt ungesund – war es auch. Die Maskerade rächte sich. Mit 15 saß ich am Schreibtisch und fühlte mich furchtbar. Ironischerweise war es ein traumhaft schöner Tag. In Filmen regnet es in solchen Momenten immer: Die Schauspieler lehnen seufzend den Kopf an eine Scheibe, an der die Regentropfen voller Metaphorik das Glas hinunterrinnen. In der Realität hingegen schien die Sonne unverschämt fröhlich durchs gekippte Fenster vor meinem Schreibtisch. Ich hörte die Vögel draußen zwitschern und von irgendwoher zog Grillgeruch durch die Luft. Und ich? Statt wie ein anständiger Teenager heimlich Bier kaufen zu gehen und unter meinem Bett zu verstecken, starrte ich vor mich hin und fühlte – nichts. Leere. Wer war ich eigentlich? Was wollte ich vom Leben? Alle um mich herum schienen glücklich zu sein. Sie hatten einen Plan, Ziele und waren hoch motiviert. (Zumindest war ich damals in meiner Melancholie davon überzeugt.)

Was war mit mir? Ich war cool, lässig und einigermaßen sportlich. Wie Jungs halt so sind. Besser gesagt: Wie ich dachte, dass Jungs zu sein haben. Doch was mochte ich? Was mochte ich nicht? Wofür stand ich ein? Welche Werte waren mir wichtig? Was wollte ich vom Leben? Ich fühlte mich wie in der Schule, wenn ich an die Tafel musste, aber die ganze Zeit nicht aufgepasst hatte. Ich hatte keine Antworten auf all diese Fragen, nicht eine einzige! Ich wusste, was andere von mir erwarten, doch meine eigenen Ziele hatte ich aus den Augen verloren. Schlimmer noch: Ich hatte *mich* aus den Augen verloren. Ich war cool, beliebt und – *lost*.

Mein Leben als Bio-Roboter

Dieser Zustand der Leere hielt eine ganze Weile an. Auch wenn ich nach außen hin weiterhin den coolen Typen mimte. Lange hatte ich davon gesprochen, nach dem Abi ins Ausland zu gehen. Das war vielleicht nicht das Weltall, aber hey, immerhin. Doch als ich dann mein Abitur in der Tasche hatte, bekam ich Schiss und setzte lieber auf meine Lieblingsnummer: die Nummer sicher. Statt zu reisen – ins Ausland, auf den Mond oder sonst wohin –, absolvierte ich eine solide und bodenständige Ausbildung zum Versicherungskaufmann im öffentlichen Dienst. Ich war unglücklich und langweilte mich. Doch ich sprach nicht darüber. Noch nicht einmal mit mir selbst. Den Wunsch nach Sicherheit hatte meine Familie fest in mir verwurzelt. Und ich tat auch in diesem Moment meines Lebens stets das, was andere von mir erwarteten. Das, was die Gesellschaft für richtig hielt. Stets zu Diensten. Ich fand es völlig absurd, dass ich gleich zu Beginn der Ausbildung eine Lohntabelle bekam, auf der ich sehen konnte, was ich in zwölf Jahren verdienen würde. Auf den Cent genau. In zwölf Jahren! Der Karriereweg war komplett vorgezeichnet. Das mag manchen Menschen ein Gefühl von Sicherheit vermitteln, doch ich schüttelte beim Blick auf diese Tabelle nur entgeistert den Kopf. Ich fühlte mich eingesperrt und abhängig, wie ein Tier im Zoo, das traurig am Gitter auf und ab läuft. Nicht, weil mir das Gehalt in zwölf Jahren zu niedrig war, es ging nicht ums Geld. Doch der Gedanke, dass keine Änderungen mehr möglich waren, dass mein Leben von einer Tabelle vorbestimmt war, fühlte sich falsch an. Ich wollte Raum für Überraschungen lassen, wollte Neuorientierungen und Wendepunkte zulassen.

Dennoch zog ich die Ausbildung durch. Weil es von mir erwartet wurde. Weil »man das so macht«. (Bei diesem Satz solltest du übrigens *immer* stutzig werden, da er auf eine starke Fremdbestimmung hinweist.)

Übrigens war ich auch in Sachen Liebesbeziehungen auf der »Ich tue alles, was andere für richtig halten«-Spur unterwegs. Ich stellte mir vor, dass ich mal ein geregeltes Familienleben führen würde. Die gängige Vorstellung vom Glück – Haus bauen, Kind zeugen, Baum pflanzen –, hatte ich vollständig verinnerlicht. Ich wollte dazugehören. Immer wieder führte ich Beziehungen, jagte einem Ideal nach. Aber dann funktionierte es doch nicht. Mit jeder Beziehung, die zerbrach, wuchs das Gefühl, versagt zu haben. Kein Baum, kein Haus, kein Kind. Na super. Was war ich denn für ein Mann?

Wenn ich mal wieder so richtig tief im Versager-Tunnel steckte, blinkte mich manchmal ein Licht an. »Da wartet noch mehr auf dich«, schien es zu sagen. »Komm her! Na los! Mach dich auf den Weg!«

Doch ich war viel zu sehr in meinem Leben gefangen, funktionierte wie ein Roboter. Bio-Roboter Chris mit dem Betriebssystem »Safety first«, Version 1.0. Das größte Risiko, das ich seinerzeit einging, war, im Restaurant mal ein Gericht zu bestellen, das ich noch nie zuvor gegessen hatte.

Nach der Ausbildung wagte ich es immerhin noch zu studieren, statt sofort nach dem sicheren Job im öffentlichen Dienst zu greifen. Das war für mich fast schon eine Revolte! Ich betrat einen neuen Weg. Vorsichtig, zugegeben, und zögerlich. Ich schrieb mich 2008 nach der Ausbildung an der Universität ein, statt dem vorgezeichneten Karriereweg der Lohntabelle zu folgen. Natürlich kam ich noch nicht ganz aus meiner Haut heraus und suchte mir einen Nebenjob – nur zur Sicherheit, für das geregelte Einkommen, schon klar. Ich machte 2011 meinen Bachelor und begann danach das Masterstudium in Köln.

Und dann, eines Tages, sprang ich tatsächlich über meinen Schatten. Heute habe ich keine Ahnung mehr, wo ich den Mut damals hernahm und wer dieses Systemupdate installiert hatte, aber ich bewarb mich um ein Stipendium in den USA.

Vielleicht waren es die einzigen wahrhaftigen und mutigen zehn Minuten meines damaligen Lebens, als ich das Bewerbungsformular ausfüllte. Der Kugelschreiber jagte über das Papier, ich schrieb, und bevor ich es mir anders überlegen konnte, klebte ich den Brief zu. Als ich am Briefkasten stand, zögerte ich kurz. »Was soll der Scheiß?«, rief eine Stimme in mir. »Das klappt doch eh nicht«, eine andere.

Ich ignorierte die Stimmen und dachte: »Ich probiere es einfach.«

Diese zehn Minuten sollten meinem Leben eine völlig neue Richtung geben. Durch sie verwirklichte ich meinen Traum eines Auslandsaufenthalts und landete 2012 für ein Semester meines Masterstudiums in North Carolina, USA.

Im Flieger wurde ich nervös. Meine Eltern hatten am Flughafen ein paar Tränchen verdrückt und ich wusste plötzlich selbst nicht mehr genau, was ich eigentlich dort wollte. Ich hätte doch auch einfach zu Hause fertig studieren können. Was erhoffte ich mir von dieser Zeit im Ausland? Ich wusste es selbst nicht so genau. Ich spürte nur, dass ich rausmusste, um mehr von der Welt zu sehen. Irgendeine Kraft trieb mich an.

Nach den ersten Tagen aber zeigte sich, dass dieser Schritt genau der richtige für mich war. Meine Unsicherheit und Nervosität waren völlig unbegründet. Ich war überwältigt. Nicht nur, weil ich plötzlich in der Halle Basketball spielen durfte, in der schon Michael Jordan gespielt hatte, sondern vor allem, weil die Menschen so anders tickten. Niemals hätte ich erwartet, dass die Amerikaner eine so grundlegend andere Kultur lebten als wir im sicheren, bodenständigen Deutschland.

»I failed.«

»I messed it up.«

»I've screwed up.«

Sätze wie diese gingen den Amerikanern um mich herum so leicht von den Lippen. »So what?«, sagten sie dann, zuckten mit den Schultern und wertschätzten trotzdem, was sie bis zum Moment des Scheiterns geleistet hatten. »Was soll's?«, war ihr Lebensmotto. »Hauptsache, ich habe es probiert, irgendeinen Sinn wird es schon haben.« Versagen, Fehler machen, scheitern und trotzdem weitermachen – alles ganz normal. »Nobody's perfect.«

Gleichzeitig dachten die meisten viel größer, als ich es gewohnt war. In den Staaten wurde jede Start-up-Idee von Anfang an weltweit geplant. Understatement gab es schlichtweg nicht, und an der Uni wimmelte es nur so von Entrepreneuren.

In mir explodierte ein ganzes Feuerwerk an Glückshormonen. Ich spürte plötzlich klar und deutlich, dass mir eine mentale Kraft innewohnte, die ich bislang weder kennengelernt noch genutzt hatte. Dieses Licht, da war es wieder. Und jetzt blinkte es nicht nur, jetzt strahlte es aus voller Kraft. Irgendwo unter all den Sicherheitsvorkehrungen und Überzeugungen, wie ein »richtiges« Leben auszusehen habe, hatte ich vergessen, wie es sich anfühlte, mich wirklich zu spüren.

Als ich nach Deutschland zurückkehrte, stieg ich mit einem breiten Grinsen aus dem Flugzeug. Da wir so nah am Flughafengebäude standen, gingen wir den kurzen Weg zu Fuß über das Rollfeld. Ich blieb mitten auf dem Weg für einen Moment stehen, schloss die Augen, spürte den Wind im Gesicht und war voller Vorfreude auf mein Leben.

Nach dem Abschluss des Masterstudiums 2014 startete ich in einem großen Beratungsunternehmen durch. Es war ein hartes Auswahlverfahren gewesen und ich war stolz darauf, es geschafft zu haben. Ich hatte immer noch die Motivation aus den Staaten im Kopf und das Gefühl, nun etwas bewegen zu können. Die Festanstellung befriedigte mein immer noch vorhandenes Bedürfnis nach Sicherheit, der große Name des Unternehmens und der Einstieg in die freie Wirtschaft weckten in mir die Hoffnung, dass ich wirklich Einfluss nehmen konnte. Hier gab es keine Lohntabelle, sondern ich musste etwas leisten, um mich hochzuarbeiten. Das war meine Chance! Ich war hoch motiviert, als ich an meinem ersten Arbeitstag im frisch gebügelten Hemd durch die Eingangstür des Bürogebäudes ging. Los geht's!

Der Sprung ins Leben *endete im Hamsterrad*

Na, es wäre auch zu schön gewesen, wenn direkt beim ersten Anlauf alles glatt gelaufen wäre, oder?

Während ich in den ersten Tagen noch freudestrahlend aus dem Bett sprang, motiviert durchs Büro schritt und alle anfallenden Aufgaben mit einem »Na klar, gern!« annahm, sah das ein paar Wochen später schon ganz anders aus. Mein Lächeln wirkte immer aufgesetzter. Mein Gang wurde müder. Meine Begeisterung verschwand. Die Prozesse und die nie enden wollende To-do-Liste fraßen meine Euphorie auf.

Ich lebte ein Klischee und war einer von vielen jungen Consultants, die sich beweisen wollten und sich dabei kaputtarbeiteten. Wer sich durchbiss, konnte viel Geld verdienen, das war mir klar. Doch welchen Preis zahlte man dafür?

»Kommst du mit zum Lunch?«, fragte ab und zu ein Kollege.

»Sorry, ich hab zu viel Arbeit auf dem Tisch«, war meine Standardantwort. Und es stimmte, ich *hatte* zu viel auf dem Tisch. Doch mir fehlte der Mut zuzugeben, dass es mir zu viel war. Das wäre doch ein Eingeständnis von Schwäche gewesen. Igitt, Schwäche, nein, das passte nicht zu einem erfolgreichen Consultant. Die »Scheitern gehört dazu«-Lebenseinstellung, die ich in den USA kennengelernt hatte, existierte hier nicht.

Es gab Wochen, in denen ich bis zu 60 Stunden am Schreibtisch saß und schuftete. Das war normal. Ich war kein extrem engagiertes Ausnahmetalent, sondern versuchte gerade mal, mit den anderen mitzuhalten. Faulheit war verpönt! Und weil ich Ambitionen hatte und weder meine Eltern noch meine Chefs oder mich selbst enttäuschen wollte, spielte ich mit, blinzelte gegen die müden Augen an, ignorierte den knurrenden Magen und schob die Zweifel beiseite, die in ruhigen Minuten an mir nagten. Die Motivation aus meinem USA-Aufenthalt war verpufft. Ich befand mich im Zustand des ständigen Mangels. Müdigkeit, Erschöpfung, Hunger und Durst wurden zum Normalzustand. Ich ernährte mich schlecht, bewegte mich zu wenig und meine Beziehung litt so sehr unter meinem Arbeitspensum, dass sie schließlich zerbrach.

Und dann saß ich da. In diesem unpersönlichen, kalten, anonymen Büro, in dem ich zwar Kollegen, aber keine Freunde hatte. Ich schlug mir die Nächte um die Ohren, arbeitete Tag für Tag für Tag für Tag.

Und wofür? Ich sah mich um. Der Schreibtisch. Der Blick aus dem Fenster. Die Pinnwand. Die Mails auf dem Rechner. Die Tabellen, die nicht enden wollende To-do-Liste. Das war mein Leben. War es das alles wert, eine Frau gehen zu lassen, die mir mal viel bedeutet hatte? Ich starrte an die weiße Wand. Mir war kalt. Wann hatte ich zuletzt etwas gekocht? Wann etwas nur für mich getan? Ich lehnte meinen Kopf an die Rückenlehne meines Bürostuhls und schloss die Augen. Wann hatte ich das letzte Mal ausgeschlafen? Wann war ich zuletzt glücklich gewesen? Damals hatte ich den vorgezeichneten Weg mit Lohntabelle als Versicherungskaufmann so vehement abgelehnt – war dieses Leben, das ich jetzt lebte, wirklich besser?

Keine Antwort.

Wenn ich weitermachen würde wie bisher, könnte ich gutes Geld verdienen. Ich würde etwas anlegen, mir ein Haus kaufen, vorsorgen, damit ich im Ruhestand endlich entspannen könnte. Noch 40 Jahre arbeiten.

40 Jahre?!

Ich erschauderte, öffnete die Augen und stand von meinem Bürostuhl auf. Lief hin und her, wie ein Tiger im Käfig. Schon wieder fühlte sich mein Leben so an. Ich war gefangen in einem Beruf, in dem weder Kreativität noch Entfaltung erwünscht waren. In dem ich funktionieren sollte wie eine Maschine, fehlerlos, anspruchslos, ein fleißiges Rädchen im Getriebe. Mir wurde bewusst, dass dieses Leben nicht zu mir passte. Ach, Leben! Das Wort war viel zu groß für das, was ich da praktizierte. Ich lebte ja gar nicht richtig, ich vegetierte. Die Liebe hatte ich verloren, den Sinn suchte ich vergebens, und mit jedem Gedanken, den ich weiterdachte, ging mir die Energie flöten, auch nur einen Tag länger in diesem struktur- und prozessgetriebenen System auszuhalten.

Ich blieb stehen und starrte kurz aus dem Fenster. Dann setzte ich mich an den Schreibtisch, schickte die letzte Mail ab, schaltete alles aus, schnappte meine Tasche und ging. Ich lief hinaus, die letzten Schritte rannte ich fast und sog, als ich das Gebäude verließ, die frische Abendluft tief in meine Lungen. Wie ein Ertrinkender, der es gerade noch an die Wasseroberfläche geschafft hatte.

Diese Welt, in der ich lebte, war nicht per se falsch – aber sie war falsch für mich. Wir sind Menschen, die unterschiedliche Bedürfnisse spüren. Viele schätzen die Strukturen eines großen Unternehmens, ich hingegen sehnte mich nach Unabhängigkeit und Kreativität.

Hier begann meine Reise: Ich begab mich auf die Suche nach mir selbst. Ich wollte leuchten.

Die Weggabelung

Dass der Job mich nervte, war das eine Problem – die Trennung von meiner damaligen Freundin traf mich emotional noch viel heftiger.

Job doof, Beziehung kaputt. Mein Selbstwert sank mal wieder in ungeahnte Tiefen. Ich hatte alles falsch gemacht, zu wenig Zeit mit meiner Freundin verbracht und den verkehrten Job ergriffen. Zwar war mir in diesem Moment klar, dass ich grundlegend etwas ändern und dieses Licht in mir wieder leuchten lassen wollte. Das Problem war aber: In der Dunkelheit fand ich den Schalter nicht. Alles blieb düster. Und ich tappte mit meinen Gedanken im Kreis.

Ich beschloss, allein in den Urlaub zu fahren und entschied mich für eine Wandertour in Österreich. »Ziemlich traurig, oder?«, rief die fiese Stimme in meinem Inneren. »So ganz allein. Guck, die anderen fahren alle zusammen in den Urlaub. Paare, Freunde, alle haben jemanden. Du nicht. Du bist allein, du armer Wicht.« Kennst du auch diese fiesen Stimmen in dir drin? Ich sag dir etwas: Die haben wir alle. Doch das Geniale ist, dass wir nicht auf sie hören müssen. Wir dürfen ihnen eine lange Nase zeigen und entgegnen: *Ätsch, ich geh trotzdem.*

Ich zog es durch. Chris allein in Österreich. Konnte das gut gehen? Unbedingt. Denn allein zu verreisen ist eine großartige Methode, sich selbst näherzukommen.

An einem sonnigen Vormittag hatte ich bereits einige Höhenmeter am Berg zurückgelegt. Ich kam keuchend an einer Weggabelung an, blieb stehen, beugte mich vor und stützte meine Hände auf die Oberschenkel, während ich durchatmete.

Die Sonne glitzerte durch die Bäume und warf magische Schattenspiele auf die Wanderwege. Ich sog die frische Luft ein, die nach Holz, Blättern und Klarheit roch.

Der eine Weg sah einladend aus. Gut ausgebaut, kaum Geröll, kein allzu starker Anstieg. Der andere Weg hingegen war von Baumwurzeln zerklüftet, voller großer und kleiner Steine und deutlich steiler.

Nehme ich den einfachen oder den schwierigen Weg? Ich schaute hin und her.

Ein zufrieden aussehendes Pärchen kam von hinten näher. »Grüß Gott«, sagten sie im Vorbeigehen und wählten, ohne zu zögern, den einfacheren Weg. Ich schaute ihnen eine Weile hinterher.

Und dann ging ich den anderen Weg. In dem vollen Bewusstsein, dass es nicht einfach werden würde. Dass mir meine Beine nicht nur heute, sondern auch die nächsten zwei Tage wehtun und ich mich selbst für diese Entscheidung verfluchen würde.

All das geschah. Ich fluchte. Ich keuchte. Alles tat weh. Was hatte ich mir denn nur dabei gedacht?

Und dann kam ich an. Nach einem besonders steilen Stück eröffnete sich ein Panorama vor mir, das mir den Atem raubte. Ich stand allein auf einer riesigen Almwiese und schaute auf einen türkisblauen Bergsee, der in der Sonne glitzerte. Mein Herz schlug von der Anstrengung in meiner Brust. Und da war noch etwas. Etwas sprudelte in mir hoch. Eine Lebensfreude, ein einzigartiges Hochgefühl, das mich dazu brachte, laut zu lachen. Ich breitete die Arme aus, vielleicht, weil ich in diesem Moment die ganze Welt umarmte. Hätte ich dieses Bild bei Instagram gesehen, hätte ich nur müde gelächelt und alles auf diverse Filter geschoben. Aber das hier war echt. Es war real. Es war *mein Leben.*

Nachdem die erste Welle der Euphorie langsam abebbte, richtete ich den Blick nach innen. Dieses Mal war ich nicht dem vorgegebenen Pfad gefolgt, hatte nicht getan, was andere erwarteten. Ich hatte mir diesen Ausblick selbst erwandert und jede Sekunde des Weges hatte sich gelohnt.

Ich machte eine lange Rast, genoss die Schönheit der Natur und des Lebens und spürte, wie ich mir selbst ganz nah war. Ich war dankbar. Für diesen Moment, für mich, für mein Leben.

Auf dem Rückweg der Wanderung fand ich einen Stock. Ich nahm ihn mit nach Hause, bemalte ihn, hängte ihn auf. Dieser Stock wurde zum Sinnbild dafür, dass ich mich für *meinen* Weg entscheiden darf, immer wieder, egal, was andere sagen. Und dass sich dieser Weg lohnt, auch wenn es richtig anstrengend wird.

Ich verrate dir mal etwas: Du darfst das auch. Dabei musst du dir nicht mal einen XXL-Muskelkater einfangen, versprochen!

Kleine Schritte ins *neue Leben*

Ich wagte es, kündigte meinen Job und ging daraufhin in die Start-up-Welt. Dort spürte ich wieder den Unternehmergeist, der mich in den USA so inspiriert hatte. Ich hatte etwas zu sagen, statt nur ein kleines Rädchen zu sein, und stellte zufrieden fest, dass mein Tun etwas bewirkte. Parallel dazu besuchte ich immer mehr Seminare und Workshops zum Thema Selbstfindung, um mit mir selbst in Kontakt zu treten. Ich las viele Bücher, lernte neue Seiten an mir kennen und spürte, wie ich Schritt für Schritt mit meinem Herzen in Verbindung kam. Eine Freundin schenkte mir das Buch *Der Alchimist* von Paulo Coelho. In dem Buch geht es um Santiago, einen Hirten, der sich auf die Suche nach einem Schatz macht und dabei vor allem zu sich selbst findet. Mit diesem Buch begann auch meine Suche nach dem »Schatz«: meinem Sinn des Lebens.

Mit Ende 20 löste ich mich auch endlich von den Überzeugungen, ein Kind zeugen, ein Haus bauen und einen Baum pflanzen zu müssen, und legte die Glaubenssätze meiner Kindheit ab. Nun war es mein Ansporn, mit mir selbst mehr in Beziehung zu treten und mich jeden Tag ein Stück weiter zu erkennen. Wie bei einer Zwiebel zog ich Schicht für Schicht die Haut ab und schaute genau hin, ob diese zu mir gehörte oder mir von außen übergestülpt worden war. Statt Mitleid mit mir zu haben, erkannte ich mein Selbstmitgefühl. Mir wurde klar, dass ich in Ordnung bin, wie ich bin. Dass es gut war, zu fühlen – egal, ob es sich um angenehme oder unangenehme Emotionen handelte. Gleichzeitig verstand ich, dass auch alle anderen in Ordnung sind, wie sie eben sind.

Doch auch, wenn ich viel las, begriff, fühlte und verstand: Ich spürte immer noch das Gefühl, auf der Suche zu sein. Keine Spur von der Ruhe des Buddhas. Mein neues Mindset war zwar theoretisch da, doch praktisch haperte es noch. Ich schaffte es nicht, danach zu handeln. Und diese fiesen Stimmen in mir plapperten mir immer noch lautstark rein.

Ich erinnerte mich an eine Reise nach Südostasien, bei der ich eines Tages bei einer Tempelbesichtigung vor einer riesigen Buddha-Figur stand. Mit dem Kopf im Nacken stand ich da, schaute hoch zum mild lächelnden Buddha und fragte mich: Wie kann ich es schaffen, so zu leuchten? Was hat der gemütliche Typ da oben richtig gemacht und wie kann ich das nachahmen?

Dann ging mir auf, dass an diesem Gedanken etwas nicht stimmte. Es war ein Schlüsselmoment, der mir verdeutlichte, dass ich immer noch nach meinem alten Höher-schneller-weiter-Paradigma lebte, wenn auch in einer neuen Welt. Und es war der Augenblick, in dem ich mich entschied, dem Hustle nach Erleuchtung nicht länger nachzueifern, sondern mich der Liebe und der Beziehung von mir zu mir und natürlich auch zu anderen hinzugeben. Ich musste nicht die Nummer eins in Sachen Erleuchtung werden, darum ging es überhaupt nicht. Ich nahm ja nicht an einem Wettbewerb teil – wer zuerst zum Buddha wird, hat gewonnen. Blödsinn! Vergleiche und Bewertungen hatten in diesem meinen neuen Leben keine Berechtigung, waren ein Relikt aus einer anderen Zeit, die ich meinte, längst hinter mir gelassen zu haben. Mir wurde in diesem Moment klar, dass es im Leben nicht ausschließlich um das MINDset, sondern vor allem um ein ausgeprägtes HEARTset geht. Wissen ist das eine. Doch erst, wenn wir es auch fühlen können, verändern wir wirklich etwas. Und damit bekam meine Reise eine neue Richtung. Mein Leben ist seitdem leichter, freier, lebendiger und liebender. Ich bin (nicht nur im wirtschaftlichen Sinne) selbstständig, darf Menschen begleiten, habe einen Job, den ich von Herzen liebe, und Menschen um mich, die mein wahres Selbst wertschätzen. Es geht mir gut. Richtig gut.

Auch wenn die Sache mit der Liebe, tja, wie soll ich sagen … schwierig war und immer wieder ist.

Auch nach einigen Jahren, in denen ich bereits auf meinem neuen Weg unterwegs war, war ich noch kein Experte, wenn es um Liebesbeziehungen ging. Mal wieder stand ich vor den Trümmerstücken einer Beziehung. Na klasse. Da erzählen die ganzen Coaches ständig davon, dass alles Liebe und Liebe alles sei, und dann endet der ganze Mist mal wieder in Trennung und Streit und Diskussionen. Damals überlegte ich, ob Liebe vielleicht nur Bullshit war, der uns von Hollywood eingeredet wurde.

Das Schöne: Solche Tiefpunkte sind kleine Booster auf der Reise zu dir selbst. Das klingt erst mal komisch, doch genau in diesen Momenten konnte ich lernen, mich selbst wirklich zu akzeptieren. Und das kannst du auch. Wenn wir gerade blendend gelaunt, gut frisiert und mit einem leckeren Heißgetränk im To-go-Becher am Wasser entlangspazieren, finden wir uns doch alle ganz lässig und nicken eifrig, wenn jemand von Selbstliebe und Selbstfürsorge spricht. Doch Rotz und Wasser heulend, in Jogginghose auf dem Sofa, mutterseelenallein und mit einer Tafel Frust-Schokolade in der Hand fällt das etwas schwerer. Doch genau an dieser Stelle kannst du wirklich weiterkommen. Wenn du dich in diesen Momenten annehmen und den Schmerz zulassen kannst, dann rückst du ein kleines Stückchen näher an dich selbst heran. Aus Selbstmitleid wird Selbstmitgefühl. Da blitzt zwischen den Tränen ein Funke Dankbarkeit auf, überhaupt solche Gefühle fühlen zu können, und die Hoffnung, wieder aus diesem Tal rauszukommen. Genau diese Momente sind es, in denen wir die Chance bekommen, mit uns selbst in Beziehung zu treten. Im Anerkennen der Schwäche steckt viel Stärke. Und wenn du weißt, dass auch ich dieser verzweifelte Typ auf dem Sofa war, fühlst du dich vielleicht schon nicht mehr so allein und schöpfst wieder Hoffnung.

Heute kann ich glücklicherweise aus voller Überzeugung sagen, dass Liebe kein Bullshit, sondern wesentlich ist. Sie ist vielleicht nicht das, was uns in Hollywoodfilmen vermittelt wird, trotzdem weiß ich, dass sie alles verändern kann.

Doch wie schaffst du es, zukünftig bessere Beziehungen zu führen? Wie kannst du eine Beziehung zu einem anderen Menschen aufbauen, wenn du zu dir selbst keine Beziehung pflegst? Wie urteilst du über dich selbst und welche Message sendest du damit hinaus in die Welt? All diese Fragen habe ich mir gestellt und sie haben mir dabei geholfen, meinen Weg zu finden, um zum einen mit anderen, zum anderen mit mir selbst eine Verbindung aufzubauen. Heute kann ich authentisch leben und bin nicht mehr von der Meinung anderer abhängig. Auch du kannst diesen Weg gehen.

Raus aus dem Kopf, rein ins Herz. Bist du bereit?

2.
Das Beziehungsende als *Bewusstseins-Booster*

Ich glaube, dass die Liebe in unser aller Leben eine entscheidende Rolle spielt. Für mich war ein Beziehungsende *der* Auslöser dafür, mich auf die Reise zu mir selbst zu begeben. Somit hatte all das Leid etwas Gutes – denn nur so habe ich den Drang verspürt, genauer hinzuschauen, was da eigentlich schiefläuft in meinem Leben. Deshalb habe ich mich in den letzten Jahren sehr intensiv mit Beziehungen, vor allem mit Liebesbeziehungen, auseinandergesetzt. Wir suchen nach Verbindungen mit anderen Menschen, brauchen sie wie die Luft zum Atmen. Am Anfang unseres Lebens werden wir in eine der wichtigsten Beziehungen überhaupt hineingeboren: die Beziehung zu unseren Eltern. Hier bekommen wir viele Erfahrungen und Glaubenssätze über das Leben und die Liebe mit, die uns oft jahrzehntelang begleiten. Und dann folgen die ersten Liebesbeziehungen – inklusive Liebeskummer, Frust und Enttäuschungen. Ich bin fest davon überzeugt, dass wir in Beziehungen und Beziehungskrisen sehr viel über uns selbst lernen können. Diese Erkenntnisse stärken uns nicht nur für zukünftige Beziehungen, sondern für unser gesamtes Leben. Denn oft beeinflussen Glaubenssätze aus Beziehungen auch unseren Job, unsere Freizeit und unser Selbstwertgefühl.

Früher war das Ende einer Liebesbeziehung für mich eine Vollkatastrophe. Manche Menschen schimpfen nach einem Beziehungsende über den Expartner oder die Expartnerin – ich hingegen schimpfte mit mir selbst. Ich fragte mich, was ich falsch gemacht hatte, bei welcher Message vielleicht ein Missverständnis entstanden sein könnte, ob ich noch eine Chance bekäme, wenn ich ihr mehr Zeit widmen würde, und all diese Gedankenkarussell-Spinnereien. In meinem Kopf lag die Schuld stets bei mir und ich landete genau dort, wo ich vor der Beziehung war: in Leere, Einsamkeit und Selbstmitleid. Es war eine unfaire Liebes-Drehtür, die mich auf eine aufregende Reise mitnahm und nach ein paar Runden im tiefen Tal wieder ausspuckte.

Glücklicherweise begann ich 2013 mein Leben zu hinterfragen. Auf der Reise zu mir selbst erkannte ich, dass ich immer wieder in diese Drehtür geriet. All meine Beziehungen ähnelten sich. Ich machte mich von einer Frau abhängig und scheiterte schließlich. Verliebt, untergeordnet, ausgespuckt. Ziemlich unsexy, ich weiß – rückblickend erkenne ich das selbst. Du willst wahrscheinlich auch keinen Menschen an deiner Seite, der keine eigene Meinung hat und von der Urlaubsplanung bis zur Restaurantwahl immer nur sagt: »Mir egal, entscheide du.«

Langsam sickerte die Einsicht in mein Bewusstsein, dass ich diese Drehtür gar nicht wieder und wieder betreten musste, sondern weitergehen durfte. Ich erkannte, dass es andere Zugänge zur Liebe gab – andere Türen, die sich nicht drehten – und lernte schließlich Julia kennen.

Wie ich meine *Seelenverwandte* traf – und wieso es trotzdem scheiterte

Wenn man sich mit dem Weg des Bewusstwerdens beschäftigt, gerät man automatisch in eine »Bubble«. 2016, etwa drei Jahre nachdem meine Reise losgegangen war, begann ich, auf Instagram einige Zitate, Learnings aus meinen Seminaren und Einblicke in meine Selbstfindung zu posten.

Ganz nebenbei: Diese Postings waren gar nicht so einfach für mich. »Du bist ein Weichei, wenn du so was veröffentlichst«, rief eine Stimme in mir. Ich war verunsichert. »Ist das nicht ziemlich unmännlich, sich mit Achtsamkeit, Dankbarkeitstagebüchern und Meditation zu beschäftigen? Das ist doch Weiberkram.«

Stopp, rief ich. Wer war diese Stimme? Das war doch nicht ich selbst. Nichts davon entsprach meinen Werten. Irgendwie kam mir die Stimme bekannt vor. Und schon sah ich ihn: Da saß ein Kind in einem Baumhaus und lachte mich aus. Die Parallelen zu meiner Kindheit offenbarten sich. Als ich das erkannt hatte, musste ich fast schon grinsen. Verrückt, wie die Prägungen von früher mich immer noch verfolgten. Ich verordnete der Kritiker-Stimme eine Auszeit, beschloss, dass ich erwachsen war und mir von der Erinnerung an einen neunjährigen Jungen mit falschen Idealen nun wirklich kein blödes Gefühl geben lassen musste, und veröffentlichte weiter meine Inhalte.

Auf diese Weise kam ich mit verschiedenen Menschen in Kontakt, die sich auf einer ähnlichen Reise befanden wie ich. Auch wenn ich das Smartphone bis heute regelmäßig verfluche, weil es so viel Zeit und Aufmerksamkeit frisst – meine Bildschirmzeit behalte ich lieber für mich –, für die Möglichkeiten der Vernetzung bin ich wirklich dankbar. Auf diesem Wege kam ich auch in Kontakt mit Julia. Anfang 2016 folgten wir einander auf Instagram, schrieben ein wenig hin und her, trafen uns schließlich in einem Café in Berlin. Es war damals kein Date, eher ein Austausch unter Gleichgesinnten. Die Themen sprudelten nur so aus uns heraus, wir fanden kein Ende, lachten, weil wir uns kaum kannten und trotzdem schon ahnten, wie der Satz der anderen Person enden würde. Ich spürte Wärme und Ruhe in mir, wenn ich bei ihr war. Ganz ohne Drama, ganz ohne Druck.

Das habe ich in den letzten Jahren immer wieder gelernt: Wenn du auf einer Reise zu dir selbst bist, dann wirst du Menschen anziehen, die auf einem ähnlichen Weg sind und zu dir passen. Das nennt man »Resonanzprinzip«. Anders gesagt: Alles, was dir passiert, hat etwas mit dir selbst zu tun. Wenn du etwas aussendest, ziehst du damit auch etwas an.

Wieso lernt man so etwas eigentlich nicht in der Schule? Denn diese Prinzipien bringen dich im Leben *wirklich* weiter. Im Nachhinein erscheint es mir logisch, dass ich früher, von Selbstzweifeln zerfressen, die nächste zum Scheitern verurteilte Beziehung angezogen habe. Hätte ich das Resonanzprinzip bereits gekannt, hätte ich mir die eine oder andere Runde Liebeskummer sicherlich ersparen können und hätte früher an meiner Selbstreflexion gearbeitet, statt weiter im Außen zu suchen. So what – jetzt wusste ich es besser. Denn es ist nie zu spät, einen neuen Weg zu gehen. Und jede Erfahrung hat mich dahin gebracht, wo ich heute stehe.

Zurück zu Julia. Wir waren voll auf einer Wellenlänge. Ich hatte ausnahmsweise keine Eile. Wenn ich früher eine Frau kennengelernt hatte, die mich interessierte, wollte ich sie so schnell wie möglich erobern. Dieses Mal dauerte alles länger und fühlte sich sehr viel gesünder an. Wir dateten nicht, sondern waren gute Freunde. Unsere Beziehung wurde mit der Zeit immer inniger. Ich erinnere mich noch gut daran, wie wir mit Freunden zusammensaßen und Tarotkarten zogen – meine war die »Twin Flame«. Julia stupste mich sanft mit der Schulter an und lächelte. Twin Flame. Soulmate. Die Verbindung der Seelen. Später erzählte mir Julia, dass diese Karte ein Zeichen für sie war, dass wir zusammengehörten. Auch wenn wir zu dem Zeitpunkt »nur« befreundet waren, war ihr bereits klar, dass diese Beziehung etwas ganz Besonderes war.

Es war eine wundervolle Zeit mit ihr. Wir haben voneinander gelernt und profitiert, waren voller Liebe und Leidenschaft. Füreinander, aber auch für unser gemeinsames Thema, der Bewusstwerdung. Wir tauschten Bücher, Tipps und Gedanken aus, entwickelten uns weiter, wuchsen, erkannten uns selbst immer besser.

Doch Julia war auf einem Weg, den ich auf Dauer nicht mitgehen konnte. Sie wollte sich für die Liebe weiter öffnen und polyamor leben. Polyamorie bedeutet, dass Liebe keinen Anspruch auf Exklusivität hat, sie wollte also nicht nur mich, sondern auch andere Menschen lieben. Ich akzeptierte ihre Entscheidung. Anfangs versuchte ich sogar, sie mitzutragen – doch es kam immer wieder zu Schwierigkeiten zwischen uns.

Eine Reise nach Bali zeigte mir dann schlussendlich, dass es nicht funktionierte. Julia war schon vor mir dort, ich kam nach. Bereits auf dem Hinflug spürte ich, dass es so nicht weitergehen konnte. Auch wenn ich es immer wieder wegzudrücken versuchte, wurde es mir zu viel.

Im Flugzeug spürte ich in mich hinein. Mein Herz schlug schneller, meine Kiefermuskeln waren angespannt, mein Nacken schmerzte. Zwischen meinen Augenbrauen hatte sich eine Furche gebildet, ohne dass ich es gemerkt hatte. Ich war alles andere als entspannt, gelassen und zufrieden. Die polyamore Beziehung war einfach nicht mein Ding, das musste ich es mir selbst eingestehen. Ich erkannte, dass ein solches Beziehungskonstrukt nicht meinem Lebenskonzept entsprach.

Ich hatte es versucht, aber ich konnte nicht mehr. Mir wurde bewusst, dass ich einen Soulmate loslassen musste.

»Ich wünsche dir Glück« – ein Abschied in Liebe

Wir lagen nebeneinander, starrten in den Himmel. Sprach- und fassungslos, dass dieses Wir nun zerbrach. Ich drehte mich zu ihr und schaute sie an, beobachtete eine Träne, die sich gerade aus ihrem Augenwinkel löste. Ich hielt ihre Hand, drückte sie kurz. Sie drehte ihren Kopf zu mir und lächelte traurig. Das Meer schwappte sacht gegen das Ufer, sie musste gegen die Sonne anblinzeln, die ihr ins Gesicht schien.

»Ich wünsche dir Glück«, sagte ich. Und jedes Wort davon meinte ich ernst. Es war mein Abschied aus dieser Beziehung. Ich sagte Nein zu einer wundervollen Frau, weil ich Ja zu mir selbst sagte.

Sie verstand. Es gab keinen Streit, keinen Rosenkrieg, keine Vorwürfe. Wir waren nur traurig, dass wir uns voneinander verabschieden mussten.

Am nächsten Tag reiste Julia ab. Bei einem Strandspaziergang wartete ich auf den altbekannten Weltschmerz, den ich von vergangenen Trennungen so gut kannte. Bei jedem Schritt dachte ich: »Gleich ist es so weit. Gleich überrollen mich wieder die Selbstzweifel.« Ich wappnete mich innerlich. Ich war bereit. *Kommt schon, Dunkelheit und Leere, ich weiß, dass ihr da seid! Na los, zieht mich in den Abgrund!* Ich fühlte mich wie ein Boxer, der die Deckung hochhielt und erwartungsvoll im Ring hin und her wippte.

Doch ich lief und lief und es kam nichts. Nichts! Ich war traurig und enttäuscht, dass die Beziehung vorbei war, das schon. Aber an mir selbst zweifelte ich nicht. Keine Leere. Keine Dunkelheit. Huch! Das war neu. Was war da los?

Die Schönheit im Schmerz

Kurz nach der Trennung buchte ich eine Stunde bei einem Schamanen. Nach einer langen Meditation saß ich bei ihm und schilderte ihm meine Situation. Wir saßen uns im Schneidersitz gegenüber. Er schaute mich lange an und sagte: »Du darfst den schönen Sinn darin sehen.«

Ich schluckte. Er hatte den Nagel auf den Kopf getroffen. Natürlich war es mir fast ein bisschen unangenehm, dass ich nicht sofort wieder in Selbstzweifeln zerfloss. Julia war eine wundervolle Frau. Ein Teil von mir dachte, dass sie einen beachtlichen Liebeskummer meinerseits verdient hätte. Als Belohnung für ihre Persönlichkeit, sozusagen. Schätzte ich die Beziehung rückblickend nicht genug wert? War ich eiskalt und abgebrüht?

Doch dieser Satz des Schamanen – »Du darfst den schönen Sinn darin sehen« – nahm mir die Schwere. Er erklärte mir in den nächsten Minuten, dass ich loslassen solle und, noch viel wichtiger, loslassen *dürfe*, um Platz für Neues zu schaffen. Er gab mir die Erlaubnis, auch in diesem schweren Moment der Trennung glücklich und bei mir zu sein.

Als ich nach dem Gespräch wieder in mein Zimmer kam, spürte ich das Gefühl von tiefem Frieden und Dankbarkeit.

Ich schüttelte beim Blick in den Spiegel den Kopf. Dankbarkeit? Frieden? Wer ist dieser Chris und was habt ihr mit meinem alten Ich gemacht? Ich musste lachen und sah mich selbst im Spiegel. Ich war immer noch ich. Auch ohne sie. Und jetzt wusste ich sogar noch ein bisschen mehr von mir – denn durch sie habe ich eine neue Facette von mir kennengelernt.

Du lernst dich selbst erst richtig kennen, wenn du dich mit anderen Menschen austauschst. Du erkennst dein Selbst durch den anderen – gerade dann, wenn es ruckelt und Konflikte entstehen.

Ich habe bei dieser Trennung meine Verhaltens- und Gedankenmuster durchbrochen. Ich bin nicht ihren Weg mitgegangen, sondern auf meinem geblieben. Statt sie auf ein Podest zu stellen, habe ich meine Bedürfnisse ernst genommen. Ich habe meine Grenzen gespürt und bin nicht darüber hinaus gegangen, sondern habe sie kommuniziert. Es ist schade, dass wir keinen gemeinsamen Weg gefunden haben. Doch es ist gut, dass ich gemerkt habe, dass eine Trennung nicht das Ende der Welt sein muss. Was für eine Erleichterung!

Zum ersten Mal spürte ich am eigenen Leib, was ich so oft in Coachings gehört hatte: Wenn du mit dir selbst eine stabile, gesunde Beziehung hast, kannst du Rückschläge anders verarbeiten. Eine Wandlung in Dankbarkeit – so pathetisch das klingt – ist möglich. Du bist kein Fähnchen im Wind, sondern ein Fels in der Brandung, wenn du in dir selbst ruhst. Wenn du deine Grenzen, Bedürfnisse und Wünsche kennst, kannst du sie in die Welt tragen und zu ihnen stehen, egal, was andere denken. Das bedeutet nicht, dass du alles ignorierst oder schlechtredest, was anders ist als du. Es heißt auch nicht, dass du nie zweifeln wirst. Es heißt nur, dass du die wichtigste Person in deinem Leben von Herzen liebst: dich selbst. Und ja, Julia war mein Soulmate, wir passten in vielerlei Hinsicht perfekt zusammen und waren tief miteinander verbunden. Doch selbst solche Verbindungen gilt es manchmal loszulassen, wenn du dir nur so selbst treu bleiben kannst. Ich habe für mich erkannt, dass es nicht nur einen Soulmate im Leben gibt. Wir werden immer eine Verbindung behalten – nur die Facette der Liebe verändert sich. Das nimmt mir den Druck. Für mich hat es in diesem Moment klick gemacht, und ich habe verstanden: Liebe bedeutet loslassen.

Du musst nicht krampfhaft nach der Liebe suchen. Im Gegenteil. Frag dich lieber: Was kann ich jetzt für mich tun, um bereit zu sein, wenn ich auf einen Seelenverwandten treffe? Wie sieht eine Version von mir aus, die ich wirklich lieben oder annehmen kann? Vergiss nicht: Jede Beziehung im Außen beginnt mit der Beziehung zu dir selbst. Du kannst keine Liebe erzwingen, aber du kannst dich für eine neue Liebe und neue Menschen in deinem Leben öffnen.

»Wir sind alle eins« – oder doch nicht?

Im Zusammenhang mit der Trennung habe ich viel über den Satz »Wir sind alle eins« nachgedacht, der in verschiedenen Zusammenhängen der Bewusstwerdung immer wieder fällt. Eigentlich gefällt mir der Gedanke: Wir sind alle miteinander verbunden, wir geben und nehmen, wir existieren nicht gegen-, sondern miteinander. Wir sind energetisch und auf metaphysischer Ebene eine Einheit, schwingen miteinander, kreieren unsere Welt. Der Satz »Wir sind alle eins« war lange eine warme Wolldecke für mich, in die ich mich einkuscheln und es mir bequem machen konnte.

Doch wenn wir alle eins sind, dann sollte das mit der Polyamorie eigentlich kein Problem für mich sein. Eigentlich. Tja. War es aber. Die Wolldecke wurde löchrig. Was machte ich falsch?

In den ersten Wochen dachte ich, dass ich an mir arbeiten müsse. Den Gedanken, dass wir alle eins sind, tiefer verankern und spüren müsse, um meine alten Prägungen der monogamen Beziehungen loslassen zu können. Ich war eben doch noch nicht erleuchtet. Doch Stück für Stück wurde mir bewusst, dass das nicht richtig war. Eines

Morgens wachte ich auf und dachte: »Wieso zweifle ich eigentlich schon wieder an mir? Ständig diese Selbstzerfleischung. Damit will ich doch aufhören! Wieso hinterfrage ich nicht erst mal den Satz, ›Wir sind alle eins‹?«

Schon beim Zähneputzen rasten meine Gedanken. Wir sind alle eins? Ja, auf dem energetischen und spirituellen Level schon. Ja, wenn ich etwas aussende, bekomme ich auch entsprechende Antworten vom Universum. Wir sind miteinander verbunden.

Aber jeder hat seine eigene Biografie und seine eigene Persönlichkeit. Dass wir alle miteinander verbunden sind, bedeutet für mich nicht, dass jemand an meinen Kühlschrank gehen, in mein Auto steigen und wegfahren oder mit meiner Freundin ins Bett gehen kann.

Wir sind unterschiedliche Menschen. Elternhaus, Kindheitserfahrungen, gesellschaftliche Prägungen, Talente, Träume, Energielevel, Geschlecht, Körper, Einschränkungen, Interessen, all das bestimmt unser Sein, unterscheidet uns voneinander und sorgt dafür, dass wir unterschiedliche Bedürfnisse, Erwartungshaltungen und Grenzen haben.

Es ist in Ordnung, das zu akzeptieren und – ganz wichtig – zu kommunizieren.

Wenn sich etwas nicht gut anfühlt, sag es.

Wenn du dir unsicher bist, sag es.

Wenn du jemanden liebst, aber nicht weißt, wie es weitergehen soll, sag es.

Du liegst mit deinem Weg und deinen Bedürfnissen nicht falsch, wenn du wirklich du selbst bist. Es gibt in Bezug auf dich selbst kein Richtig oder Falsch, es gibt nicht die *eine* Wahrheit für dich. Niemand kann für dich entscheiden. Es gibt nur *deine* Wahrheit, die jetzt, in diesem Moment für dich richtig ist. Und genau diese Wahrheit muss in die Welt hinaus, damit du dir das Leben kreieren kannst, das zu dir passt. Du solltest dich immer fragen: Was entspricht *mir*?

Dabei geht es um die Gegenwart. Egal, was war, egal, was kommt. Sei präsent, sei da, halte inne und frage dich: Was will *ich* genau *jetzt*?

Ich weiß, wie schwer das ist. Gerade wenn du dich in einer Konfrontation befindest. Da schauen dich große, erwartungsvolle Augen an und du sollst reagieren. Na super. Jahrelang hast du gelernt, dass du dich anderen Bedürfnissen unterordnen und niemanden vor den Kopf stoßen sollst, und nun sollst du auf dich selbst hören, statt es anderen recht zu machen. Das kostet Überwindung. Ich weiß genau, wie sich das anfühlt. Es ist nie easy, die Wahrheit nicht nur zu erkennen, sondern auch auszusprechen.

Manchmal bedeuten diese ehrlichen Reaktionen und Entscheidungen, wichtige und geliebte Personen vor den Kopf zu stoßen oder loszulassen. Den Gedanken, eine Einheit zu sein, loszulassen. Bei Julia war genau das der Fall. Bis heute zweifle ich in solchen Momenten. Denn wir würden doch alle lieber die »Wir sind alle eins«-Wolldecke um uns kuscheln. Konflikte sind anstrengend.

Doch eines verspreche ich dir: Wenn du es schaffst, eine Pause zwischen Reiz und Reaktion zu kreieren, in der du den Fokus weg vom Außen und hin auf dein Inneres legst, dann reagierst du so, wie es deinem wahren Ich entspricht. Genau diese Reaktionen und Entscheidungen sind es, die dich im Leben wirklich voranbringen, weil sie deinen Grenzen und Bedürfnissen entsprechen. Auch wenn sie manchmal wehtun und das bedeutet, dass wir eben nicht alle eins sind.

Schmerz und Liebe

Ich muss es dir so ehrlich sagen: Die Reise der Bewusstwerdung ist steinig. Aber sie lohnt sich! Es ist ein großartiges Gefühl, wenn du dich liebst, mit deinem Herzen verbunden bist und spürst, dass deine Existenz erfüllt ist. Genau da wollen wir hin.

Erinnerst du dich an den anstrengenden Wanderweg, den ich in Österreich gegangen bin? Ich habe geschnauft, geflucht, meine Muskeln und meine Lunge brannten. Doch am Ende habe ich diesen wunderschönen See gesehen, der mir bewiesen hat, dass sich jede Sekunde des Schmerzes gelohnt hat. So wird es sich vielleicht auch für dich anfühlen, wenn du dich öffnest, ehrlich hinschaust, deine Glaubenssätze identifizierst, deine toxischen Verhaltensmuster erkennst und die Themen, die dich umtreiben, aufdeckst. Es ist ätzend, wenn man merkt, dass man seit 20 Jahren immer wieder denselben Fehler macht. Oder wenn man das Resonanzprinzip versteht und kapiert:

Es sind gar nicht die anderen schuld an meiner Misere. Ich selbst habe diese Menschen, die gar nicht zu mir passen, durch meine innere Haltung und meine Selbstzweifel angezogen.

Häufig wird der Partner oder die Partnerin auch zur Projektionsfläche der eigenen Vergangenheit. Trennungen entstehen manchmal aufgrund von unverarbeitetem Schmerz, nicht aufgrund von realen, unlösbaren Konflikten.

Wenn du dich öffnest, ehrlich zu dir selbst bist und all diese Erkenntnisse zulässt, fühlt es sich im ersten Moment an, als würdest du Salz in offene Wunden streuen. Bah, ist das gemein, sich den eigenen Unzulänglichkeiten und Fehlern zu stellen.

Aber: Schmerz, der aus der Wahrheit geboren wurde, vergeht schneller als Schmerz, der aus Lügen stammt. Ich sage es direkt noch mal, weil es so wichtig ist: Schmerz, der aus der Wahrheit geboren wurde, vergeht schneller als Schmerz, der aus Lügen stammt.

Du wirst dir selbst näherkommen und dir langfristig viel Leid ersparen. Weil du, wenn du dein wahres Selbst erkennst, wieder mit dir selbst in Beziehung trittst.

Ein Beispiel: Stell dir vor, du hast seit Wochen über ein Datingportal mit einer Person Kontakt, die dich wirklich interessiert. Ihr versteht euch gut, bei jeder neuen Nachricht hüpft kurz dein Herz. Nun habt ihr euch zum ersten Mal getroffen. Du warst hin und weg – die Person hat aber leider kein Interesse an dir.

Version A: Die Person ist ehrlich und schreibt: »Es hat leider nicht gefunkt. Du bist nett, aber einfach nicht mein Typ.«

Version B: Die Person antwortet tagelang nicht, schreibt ausweichende Ausreden bei der Frage nach einem zweiten Date. Auf direkte Nachfrage, ob etwas nicht stimmt, kommt die Message: »Quatsch, alles gut! Ich habe gerade nur viel um die Ohren …« Und irgendwann meldet sie sich gar nicht mehr.

Bei mir wäre es so: Bei Version A würde mein Ego mit Schallgeschwindigkeit in tiefste Tiefen rauschen. Dort würde ich kurz verweilen und dann wieder zurückfahren. Bestenfalls mit der Erkenntnis: Es matcht einfach nicht. Die Puzzleteile sind nicht an sich falsch, sie passen nur nicht zusammen. Es liegt nicht an mir. Durch diese Erkenntnis kann ich loslassen und weiterziehen.

Bei Version B würde ich Wochen damit verschwenden, zu hoffen. Ich würde überlegen, was ich falsch gemacht habe, würde Nachrichten formulieren und wieder löschen und all den Unsinn tun, den man so treibt, wenn man verknallt ist. Ich würde den Gedanken, dass die Person einfach nicht auf mich steht, von mir wegschieben. Bis dann nach vielen schmerzhaften Wochen klar werden würde: Das wird nichts mehr. Und dann tut es wirklich weh, weil klar wird, dass all die Nachrichten Lügen und Ausflüchte waren und dass ich mir umsonst Hoffnungen gemacht habe.

Die Wahrheit verletzt das Ego, Lügen verletzen die Seele.

Wahrheiten sorgen dafür, dass wir Erkenntnisse gewinnen und loslassen dürfen, was uns blockiert. Gerade wenn wir bei dem Blick auf uns selbst gnadenlos ehrlich sind und unsere Unvollkommenheit anschauen. Das meine ich nicht äußerlich, sondern bei dem Blick auf unser Verhalten, unsere Glaubenssätze und unsere Prägungen.

Wenn du beispielsweise erkennst, dass du die Beziehung zu deiner Mutter nun in der Beziehung zu deinen eigenen Kindern wiederholst, kann das eine bittere Pille sein. Doch das Erkennen dieser Tatsache sorgt dafür, dass du sie verändern kannst. Weil du weißt, wo das Problem liegt. Du wirst in der Aufarbeitung der Beziehung zu deiner Mutter auch die Beziehung zu deinen Kindern verändern. Das ist doch so viel wertvoller, als immer nur an der Oberfläche herumzustochern!

Wenn wir schmerzhafte Wahrheiten ignorieren, holen sie uns sowieso wieder ein. Das Gesetz der Anziehung sorgt dafür, dass wir das, was wir in die Welt hineingeben, auch empfangen.

»Was du säst, wirst du ernten«, steht in der Bibel. »Wie man in den Wald hineinruft, so schallt es heraus«, sagt der Volksmund. »Karma is a bitch only when you are«, steht in Postings bei Instagram. Du kannst es formulieren, wie du willst. Wichtig ist nur, dass du verstehst, dass du selbst entscheiden darfst, welches Leben du führen möchtest.

Du darfst alte Wunden erkennen und transformieren, damit du wieder etwas Neues in deinem Leben empfangen kannst. Du *musst* diesen Weg sogar gehen, wenn du dich nicht ständig im Kreis drehen und immer wieder den gleichen Mist erleben willst.

Jetzt ist der Moment. Komm, mach mit. Öffne dich und lass los.

3. Date dich selbst: Warum dich eine Beziehung im Außen niemals glücklich machen wird

Um aus Beziehungen zu lernen, solltest du im ersten Schritt eine Art »Bestandsanalyse« machen. Welche Muster und Glaubenssätze prägen deine Beziehungen? Welche Ängste begleiten dich?

Ich hatte lange Beziehungen, die gescheitert sind, und glaubte zwischenzeitlich, dass die Liebe irgendein Schwachsinn sei, den sich ein guter Drehbuchautor ausgedacht hat. Denn sosehr ich es auch versuchte, es funktionierte nicht. Ich wollte die Beziehungen festhalten, doch sie zerrannen wie Sand zwischen meinen Fingern. Stück für Stück erkannte ich, dass die Verlustangst mein ständiger Begleiter war.

Verlustangst: Bitte, geh nicht!

Eines Morgens, ich hatte gerade meinen Job in der Unternehmensberatung angefangen, musste ich früh raus und legte meiner damaligen Freundin einen Zettel und eine kleine Aufmerksamkeit auf den

Tisch, bevor ich ging. Nach der ersten Stunde im Büro schaute ich auf mein Handy. Keine Nachricht. Hatte sie verschlafen? Sie müsste doch längst wach sein.

»Guten Morgen! Hast du gesehen, was ich dir hingelegt habe?«, schrieb ich. Dazu ein paar Herzchen und Kuss-Emojis.

Die Nachricht hatte nur einen Haken. Gesendet, aber nicht empfangen. Wieso hatte sie ihr Handy aus? Hatte sie mich blockiert? Hatte ich irgendetwas Falsches gesagt? Ich dachte an den vorangegangenen Abend und ging im Kopf noch mal unsere Gespräche durch. Die Stimmung war gut gewesen, ich erinnerte mich an keinen Moment, in dem ich sie verärgert haben könnte.

Im Drei-Minuten-Takt schaute ich aufs Handy. Ein Haken. Ein Haken. Ein Haken.

War ihr etwas zugestoßen? Irgendetwas stimmte nicht.

Zwei Stunden später – endlich! Zwei Haken. Die Nachricht wurde zugestellt, sie hatte mich also nicht blockiert. Doch sie las die Nachricht nicht. Wieso nicht?

Ich stand auf und holte mir einen Kaffee, weil ich mich nicht auf die Arbeit konzentrieren konnte.

Nun war meine Message auf ihrem Bildschirm, aber sie öffnete sie nicht. Vielleicht überlegte sie, ob unsere Beziehung wirklich eine Zukunft hatte. Oder sie lag im Krankenhaus. Müsste ich sie anrufen? Oder wirkte das zu aufdringlich? Ich wollte alles richtig machen.

Als mein Kaffee leer war, holte ich mir die nächste Tasse. Die Häkchen blieben grau und mein Gedankenkarussell hatte Fahrt aufgenommen. Nach zwei Stunden und drei weiteren Tassen Kaffee wurden die Häkchen blau. Doch sie antwortete nicht. Seit vier Stunden war ich nun in diesem Wahnsinn gefangen. Es wurde immer schlimmer. Es ging ihr gut, aber sie wollte mich nicht mehr.

Nach sechs Stunden war ich mir sicher: Sie würde Schluss machen. Die Beziehung war beendet. Das war's. Ich hatte irgendeinen riesigen Fehler gemacht. Ich legte mein Gesicht in die Hände und versuchte, meine Gedanken zu ordnen. Ich hatte diese Frau an meiner Seite, die ich so sehr liebte. Und nun hatte ich es vermasselt.

Und dann, nach acht unendlich langen Stunden des Wartens:

PING!

Ich traute mich kaum, die Nachricht zu öffnen. Machte sie so Schluss? Oder würde sie mich bitten, heute Abend zu reden, um dann persönlich die Beziehung zu beenden?

»Hey, sorry, dass ich jetzt erst antworte, ich habe einen superstressigen Tag und komme kaum dazu, mein Handy mal in die Hand zu nehmen. Ich habe mich heute Morgen riesig gefreut, danke! Das war so süß von dir. Ich freue mich sehr auf dich heute Abend. Kuss« Dazu ein paar Herzchen.

Ich atmete lange aus, schloss die Augen und lächelte. Alles war gut. Was für eine emotionale Achterbahnfahrt! Ich merkte, dass das nicht gesund sein kann – und dass sich diese Achterbahnfahrt immer wiederholte. Ich konnte den Worten »Ich hab dich lieb« oder »Ich liebe dich« nicht vertrauen. Aus einem einfachen Grund: Ich habe mich selbst nicht geliebt. Wie soll ich dann die Liebe eines anderen Menschen annehmen oder gar fühlen können?

Ich habe alles probiert, alles versucht, alles getan und mich bis zur letzten Sekunde angepasst. Ich habe mich selbst verloren, um diesen Menschen in meinem Leben zu halten. All das war nicht genug. Ich habe mich gefühlt wie ein ohnmächtiger Co-Pilot, der versuchte, die Maschine zum Landen zu bringen – vergebens. Die Beziehung zerbrach schließlich. Mit meinen inneren Glaubenssätzen und meiner Verlustangst hatte ich das Beziehungsende selbst kreiert.

Damals habe ich in Liebesbeziehungen nach Bestätigung gesucht. Ich war abhängig und definierte meinen Selbstwert über die Anerkennung von außen. Mein Fokus war die ganze Zeit auf die Beziehung ausgerichtet: *Was tut sie gerade? Wie geht es ihr? Was macht sie?*

Ich habe ihre Probleme zu meinen gemacht, wollte gefallen und alles richtig machen. Wenn eine Frau mich liebte, fühlte ich mich liebenswert. Wenn die Beziehung bröckelte, bröckelte mit ihr meine Selbstwertschätzung.

Damals wusste ich noch nichts mit dem Begriff »Verlustangst« anzufangen – doch genau diese trug ich seit Jahren mit mir herum.

Wenn du unter Verlustangst leidest, suchst du die Wertschätzung, die du dir selbst nicht geben kannst, in der Beziehung. Du hast das Gefühl, dass du unvollständig bist und nur durch einen Partner oder eine Partnerin komplett wirst. Doch selbst wenn alles gut zu sein scheint, keimen immer wieder Zweifel auf.

- Sie hat »Ich liebe dich« in so einem komischen Tonfall gesagt. Wahrscheinlich fühlt sie es nicht mehr.
- Im Kino hat er nicht nach meiner Hand gegriffen. Das hat er doch sonst immer getan. Was habe ich falsch gemacht?
- Sie ist so schweigsam. Ob es wirklich nur der Stress im Job ist, oder will sie Schluss machen?

Wenn man selbst nicht in diesen Gedankenmustern drinsteckt, wirken diese Dinge lächerlich und an den Haaren herbeigezogen. Doch ich kenne es selbst – wenn man kein stabiles Selbstwertgefühl hat, fühlen sich diese Sorgen real an.

Selbst wenn ein Mensch, den du liebst, dir sagt, dass er dich auch liebt, bleiben Ängste und Zweifel. Die Worte »Ich liebe dich« verlieren an Bedeutung. Du musst sie immer häufiger hören, als Bestätigung, dass alles okay ist. Denn du hast das Gefühl, dass du nicht okay bist, wie du bist. Das ist nicht nur schade (denn lieben und geliebt zu werden ist ein grandioses Gefühl!), sondern führt auch dazu, dass du deine Beziehung selbst mit 180 Sachen gegen die Wand fährst.

Deine Beziehung fängt bei *dir* an. Wenn du deine Beziehung zu dir veränderst, dann veränderst du auch immer deine Wahrnehmung und die Menschen um dich herum. Durch deine innere Haltung und durch deine unbewussten Gedanken strahlst du etwas aus und kreierst Realität. Du kannst nicht lieben und keine Liebe empfangen, wenn du dich selbst nicht liebst. Das war auch meine bittere Pille, die ich schlucken musste. Alles, was mir passiert ist, hatte mit meiner Beziehung zu mir selbst zu tun. Und so ist es auch bei dir. Wenn du die Verbindung zu deinem HEARTset verloren hast, wirst du auch keine andere stabile Verbindung eingehen können.

Wie entsteht Verlustangst?

Die Auslöser der Verlustangst liegen – wie die Auslöser aller Ängste, Glaubenssätze und Verhaltensmuster – in der Kindheit. Menschen mit Verlustangst haben als Kind eventuell einen schmerzvollen Verlust einer Bezugsperson erlebt, der nicht vollständig verarbeitet wurde, beispielsweise den Tod eines Familienmitglieds, die Scheidung der Eltern oder ein traumatisches Erlebnis, bei dem das Kind von der Bezugsperson getrennt wurde und beispielsweise plötzlich bei den Großeltern leben musste.
In solchen Momenten braucht ein Kind Bezugspersonen, die es auffangen und Raum für Trauer und Bewältigung schaffen. Gelingt das nicht, entwickeln Heranwachsende ein Gefühl von Hilflosigkeit und eine Unfähigkeit, mit Verlusterfahrungen richtig umzugehen. So können Kinder schon frühzeitig Verlustangst entwickeln. Auch eine zu enge Bindung kann zu Verlustangst führen. So lernt das Kind nicht, sich abzugrenzen. Die Heranwachsenden beginnen zu klammern und können von den Eltern nicht getrennt sein.

Dies geschieht, wenn Eltern ihre Kinder zu sehr behüten und sich überängstlich verhalten. Als »Helikoptereltern« kreisen sie mit ihren Sorgen, Ängsten und Überbehütung über ihren Nesthäkchen. Die Kinder werden stark kontrolliert, übertrieben vorsichtig behandelt und mit Nähe und Zuneigung regelrecht »erdrückt«. Sie entwickeln so kein gesundes Verhältnis zwischen Autonomie und Bindung. Die Eltern trauen ihren Kindern nicht zu, selbstständig zu sein. Sie erledigen alles für ihre Kinder, treffen alle Entscheidungen und verweigern ihnen so die Möglichkeit, zu eigenständigen Persönlichkeiten heranzuwachsen, die in der Gesellschaft selbstständig zurechtkommen. Psychologen sind sich einig,[1] dass Eltern ihren Kindern dabei helfen sollten, ein Gefühl von Selbstständigkeit zu entwickeln. Das funktioniert, indem Kinder »Erwachsenenaufgaben« übernehmen und die Möglichkeit haben, Herausforderungen selbst zu meistern, so zum Beispiel die Auswahl der eigenen Kleidung, die Erledigung kleiner Aufgaben im Haushalt, eventuell kurze Strecken zu Freunden allein gehen (je nach Wohnort und Alter des Kindes) oder kurz die Verantwortung für Geschwisterkinder übernehmen, wenn Vater oder Mutter im Nebenzimmer sind.

Bindungsangst: Komm mir nicht zu nah!

Manche Menschen hingegen kommen gar nicht erst so weit, eine Beziehung einzugehen. Viele Bindungsängstliche sehnen sich eigentlich nach Bindung, können sie aber nicht zulassen. Wenn ihnen eine andere Person zu nah kommt, werden sie zu »Eisbären«. Sie suchen das kalte Gewässer, um abzutauchen. Sie haben gelernt, ihre Gefühle zu unterdrücken, und ziehen sich immer wieder zurück, wenn es ernst wird.

Um es greifbarer zu machen, erzähle ich dir die Geschichte von Stefan. Ich habe Stefan bei mir im Coaching und auf einem Retreat begleitet und seine Geschichte hat mich wirklich bewegt. Als er zu mir kam, ärgerte er sich über sein eigenes Verhalten. Da war diese Frau, die er sehr mochte, vielleicht sogar liebte. Doch er konnte sich nicht auf sie einlassen. Er spürte, wie er immer wieder dichtmachte und blockierte, wenn sie ihm zu nah kam. Schließlich machte er Schluss, stieß sie vor den Kopf und zog weiter. Stefan sieht gut aus, ist erfolgreich im Job, ein »Macher«, wie man so schön sagt. Er ist einer von diesen Typen, bei denen alle hinschauen, wenn sie einen Raum betreten – es fiel ihm nie schwer, Frauen kennenzulernen. Nur das mit der Verbindlichkeit, tja, das lag ihm nicht.

Von außen betrachtet war er ein Aufreißer. Frauenheld. Die einen feierten ihn dafür, die anderen verdrehten die Augen. Stefan selbst feierte sich nicht. Denn er spürte, dass er sich eigentlich nach einer Beziehung sehnte, aber es einfach nicht schaffte, sich auf eine Frau einzulassen. Er fühlte sich in seiner Rolle gefangen und fand keinen Ausweg.

Gemeinsam begaben wir uns auf die Suche nach den Gründen. Und wir wurden fündig.

In seiner Kindheit war Stefan »der kleine Prinz«. Seine Mutter stellte ihn auf ein Podest: »Du bist der Größte!«, sagte sie. Und er versuchte, seine Rolle als Prinz zu erfüllen. Er begann, Trophäen zu sammeln: gute Leistungen, guter Schulabschluss, viele Freunde, eine erfolgreiche Karriere. Er definierte sich über seine Erfolge, hörte gern das Lob seiner Mutter. Weitere Trophäen: Frauen! Er hatte das Gefühl, immer wieder eine neue Frau erobern zu müssen, um weiterhin als Prinz anerkannt zu werden und seinen Status zu erhalten.

Und dann war da auch noch sein Vater. »Du bist besser als er«, hatte Stefans Mutter immer wieder gesagt und damit Konkurrenz geschürt. Der Gedanke, niemals so wie sein Vater werden zu wollen, war damit schon früh in Stefans Kopf verankert. Er blieb bis ins Erwachsenenalter der kleine Prinz, der kleine Sohn. Er wurde kein Mann, kein König. Auch wenn er von außen betrachtet viele männliche Attribute erfüllte – in seinem Unterbewusstsein schwelte die Angst, wie sein Vater zu werden und damit die Anerkennung der Mutter zu verlieren. Mit der Verbindlichkeit einer festen Beziehung hätte er seine Trophäen und sein Konstrukt der Anerkennung verloren. Er wäre seinem Vater ähnlicher geworden.

Als er diese Zusammenhänge erkannte, konnte er mit der Transformation beginnen. Er konnte seinen Vater um Vergebung bitten, dass er ständig innerlich mit ihm in Konkurrenz stand, und er konnte sich von seiner Mutter lösen und seine Rolle als kleiner Prinz endlich verlassen. Er hörte auf, Trophäen zu sammeln. Er wollte ein Mann – ein König – werden und seinen eigenen Weg gehen, nicht den seiner Mutter, nicht den seines Vaters.

Als er im Coaching und im Retreat diese Transformation erarbeitet hatte, passierte das Unglaubliche: Gerade, als er nach Hause kam, rief seine Ex-Freundin an. Er hatte ein halbes Jahr lang nichts von ihr gehört, und nun war sie plötzlich wieder da. War es das Gesetz der Anziehung? Sie verabredeten sich, gingen spazieren, er nahm vorsichtig ihre Hand. Sie schaute ihn von der Seite an, lächelte und Stefan spürte: Genau das ist es, was ich will. Tatsächlich sind die beiden wieder ein Paar geworden und ob du es glaubst oder nicht: Vor Kurzem ist Stefan Vater geworden. Als ich das Babyfoto empfangen habe, grinste ich breit und war so stolz auf Stefan. Er hatte seine Wünsche erfüllt.

Damit keine Missverständnisse entstehen: Ich bin nicht der Meinung, dass die Gründung einer Familie für jeden Menschen der richtige Weg ist. Aber in diesem Fall war es genau der Weg, den Stefan sich immer gewünscht hatte, aber aufgrund seiner Geschichte nie gehen konnte. Schließlich hatte er es geschafft und steht nun mit seinem Herzen in Verbindung. Deshalb ist es so wertvoll, dein HEARTset zu kreieren, deine Wahrheit zu finden und authentisch zu leben.

Du kannst nicht ändern, wer du bist. Deine Prägungen und Erfahrungen kannst du nicht aus deinem Gehirn löschen. Doch wenn du verstehst, wieso du so bist, wie du bist, kannst du entscheiden, ob du diesen Weg weitergehen möchtest. Als Stefan endlich verstanden hat, wieso er so blockiert war, konnte er sich davon lösen.

Wie entsteht Bindungsangst?

Menschen mit Bindungsangst haben früh gelernt, eigenständig zu sein. Während es den Verlustängstlichen an Autonomie und Eigenständigkeit fehlt, weil sie von ihrer Bezugsperson extrem umsorgt wurden, ist es bei Bindungsängstlichen genau umgekehrt. Sie mussten schon frühzeitig allein auf eigenen Beinen stehen. Die Beziehung zur Mutter oder einer entsprechenden Bezugsperson ist oftmals eine Mischung aus Nähe und Distanz. Vielleicht war die Bezugsperson überfordert mit der Erziehung, hat Bruder oder Schwester mehr Aufmerksamkeit gewidmet (beispielsweise aufgrund einer Krankheit) oder beide Elternteile waren beruflich sehr eingebunden, hatten schlichtweg viel um die Ohren und wenig Zeit. Menschen mit Bindungsangst haben erfahren, dass sich niemand wirklich für sie interessiert. Sie mussten sich durch ihr Leben durchboxen. Außerdem waren sie oft schon als Kind einem hohen Druck ausgesetzt. Sie waren verantwortlich dafür, dass es den Eltern gut ging, waren manchmal sogar der »Klebstoff« der Beziehung der Eltern. Für kleine Kinder ist diese Last viel zu schwer. »Ich darf nicht ich sein« ist ihr Kernglaubenssatz. Beziehungsängstliche Menschen zeigen meist nur bestimmte Facetten ihrer Persönlichkeit, bei denen sie sich sicher sein können, dass diese okay sind. Sie würden niemals zeigen, wie sie wirklich sind – deshalb ziehen sie sich lieber zurück, als Verletzungen offenzulegen. Sie haben Angst zu versagen und dabei auch noch ihre Freiheit zu verlieren.

Deine Geschichte kann völlig anders aussehen als die von Stefan oder von mir. Doch auch du kannst es schaffen, dich selbst besser zu verstehen, in dich hineinzufühlen und deinen Weg zu gestalten. Im Hinblick auf Liebesbeziehungen hilft es herauszufinden, welchem Bindungstyp du am ehesten entsprichst, um so schon einen ersten Hinweis auf deine Glaubenssätze zu erhalten.

Welcher Bindungstyp bist du?

Pinguin (sicherer Bindungstyp):

- Pinguine bleiben oft ihr Leben lang in einer Beziehung, sehen ihren Partner monatelang nicht, bleiben dabei aber trotzdem zufrieden. Auch Menschen, die dem sicheren Bindungstyp entsprechen, sind sich selbst genug – und können gerade deshalb stabile Partnerschaften aufbauen.
- Glaubenssatz: »Ich bin okay so, wie ich bin, und du bist, okay, so wie du bist.«
- Gesundes Selbstwertgefühl
- Glück ist nicht abhängig von einer Beziehung, mit oder ohne Beziehung zufrieden.
- Hat als Kind bedingungslose Liebe und gesunde Grenzen erfahren
- Emotionale Nähe bedeutet keine Gefahr.

Schwan (unsicher-ambivalenter Bindungstyp):

- Zwei Schwanenhälse, die zusammen ein Herz ergeben – dieses Bild verkörpert das Ideal, nur als Paar komplett zu sein.
- Glaubenssatz: »Ich bin nicht liebenswert.«
- Sehr geringes Selbstwertgefühl, das immer auf der Zuneigung der Partnerin oder des Partners basiert
- Hat in der Kindheit feinste Antennen entwickelt, wie es anderen gehen könnte, und fühlt sich dafür verantwortlich
- Typisch: klammert, sucht Schuld bei sich selbst, Verlustangst
- Hat als Kind die Eltern als unzuverlässig und unvorhersehbar wahrgenommen: Mal waren sie einfühlsam, mal kühl oder lau-

nisch. Konnte die Stimmung der Bezugsperson nur schwer einschätzen.

Eisbär (unsicher-vermeidender Bindungstyp):

- Der Eisbär zieht sich immer wieder auf seine kalte Eisscholle zurück, wirkt stark und unnahbar.
- Glaubenssätze: »Ich darf nicht ich sein« und »Ich muss mich anpassen«.
- Unterdrückte Gefühle
- Typisch: wirkt oft kaltherzig oder gleichgültig gegenüber Emotionen, zieht sich bei Nähe zurück und lässt niemanden an sich ran, Bindungsangst
- Hat in der Kindheit viel Druck erfahren, »performen« zu müssen, und hat gelernt, nur dann geliebt zu werden
- Eltern waren wenig interessiert und hatten wenig Zeit und Aufmerksamkeit – so entstand ein Spiel aus Nähe und Distanz.

Du bist unsicher, welcher Bindungstyp du bist? Dann mach den Onlinetest!

Es kann sein, dass du verschiedene Anteile in dir vereinst. Je nachdem, welchen Menschen wir begegnen, verhalten wir uns anders und lernen neue Seiten an uns selbst kennen. Das Ich erfährt sich am Du.

Du bestimmst selbst, wen du in deinem Leben anziehst. Wenn du selbst in dir Anteile hast, die nicht geliebt werden, dann findest du auch jemanden attraktiv, der oder die sich selbst nicht liebt. Ein desinteressiertes Verhalten deines Dates könnte für dich attraktiv erscheinen, weil du das Gefühl hast, jemanden erobern zu müssen, um dich selbst aufzuwerten. Oder ein Love Bombing, also wenn du von einer Person mit Liebe, Zuneigung, Geschenken und Aufmerksamkeit geradezu überschüttet wirst, kann für dich das absolute Highlight sein, weil du dich selbst nicht annimmst und plötzlich all die Liebe im Außen bekommst. Doch beides sind keine Garanten für eine große Liebe – im Gegenteil. Denn beide Beispiele sind nur ein Hinweis darauf, dass in dir selbst ungelöste und unverarbeitete Themen und Erfahrungen schlummern.

Durch die Analyse, welchem Bindungstyp du entsprichst, kannst du spontane Impulse oder Reaktionen besser einordnen. Wenn du dich mal wieder zurückziehst, wenn es ernst wird, wird zukünftig vielleicht der Gedanke aufblitzen: Hey, da ist wieder der Eisbär in mir. Oder der Schwan. Vielleicht bist du auch ein Mischtyp und je nach Situation überwiegt der eine oder der andere Anteil in dir. Allein dieser Schritt der Erkenntnis kann große Veränderungen bewirken. Denn durch das Bewusstsein der eigenen Glaubenssätze und Blockaden hast du nun die Chance, diese aufzulösen.

Partnerschaft: Erkenne deine Glaubenssätze

Anhand der Bindungstypen kannst du nun dein Verhalten besser einordnen und konntest vielleicht erste Glaubenssätze identifizieren. Ich habe noch eine Übung für dich, mit der du weitere Glaubenssätze erkennst und verstehst, wieso sie dir schaden können.

Exkurs: Was sind eigentlich Glaubenssätze?

Einen Glaubenssatz kannst du dir als **innere Überzeugung** vorstellen, die sich fest bei dir eingeprägt hat. Daran lässt sich nicht so leicht rütteln! Viele unserer Glaubenssätze stammen aus der Kindheit. Sie prägen nicht nur unsere Wahrnehmung, sondern auch unser Denken, Fühlen und Handeln. Sie haben Einfluss darauf, wie wir Informationen filtern und interpretieren. Das heißt: **Du siehst die Welt nicht so, wie sie wirklich ist, sondern so, wie du bist.** Positive Glaubenssätze können dich bestärken, ermutigen, unterstützen und dir Kraft geben, negative Glaubenssätze hingegen mindern deinen Selbstwert, behindern dein Wachstumspotenzial und sind oftmals die **Ursache für Konflikte in Beziehungen.**

Schreib alles auf!

Schnapp dir ein Blatt Papier oder ein Notizbuch und einen Stift. Und dann schreib alle Gedanken rund um das Thema Liebesbeziehungen/Partnerschaften auf. Beispielsweise: »Ich fühle mich in einer Partnerschaft schnell eingeengt.« Oder: »Ich stelle meine eigenen Bedürfnisse in einer Partnerschaft immer hintan.« Oder: »Ich habe ständig Angst, verlassen zu werden und allein zu sein.« Was fällt dir ein?

Ändere die Perspektive!

Stell dir nun vor, der abstrakte Begriff »Partnerschaft« ist eine attraktive Person, die gerade vor dir sitzt. Und nun liest du deine Sätze dieser Person laut vor und sprichst sie direkt an. In den Beispielen hieße das:

»Ich fühle mich von dir schnell eingeengt.«

»Ich stelle meine Bedürfnisse immer hintan, wenn ich mit dir zusammen bin.«

»Ich habe ständig Angst, dass du mich wieder verlässt und ich allein bin.«

Meinst du, dass die Person sich unter solchen Voraussetzungen mit dir wohlfühlen würde? Könnte sie mit einem guten Gefühl eine Beziehung mit dir eingehen? Vermutlich nicht, oder?

Voilà – schon hast du genau die Baustellen entdeckt, die verhindern, dass du eine glückliche Beziehung führen kannst. Denn du sendest deine Zweifel und Sorgen aus, wenn du jemanden kennenlernst. Genau das, was du gerade bewusst getan hast, passiert immer wieder unbewusst. Du wirst Menschen anziehen, die diese Glaubenssätze bestätigen und somit verstärken.

Weitere Glaubenssätze identifizieren

Wenn du magst, weite nun deinen Blick und überlege, ob du auch noch andere Glaubenssätze aus anderen Lebensbereichen findest.

Was glaubst du über …

- … dich selbst?
- … deine Mitmenschen?
- … deine Freunde?
- … deine Eltern?
- … Fremde?
- … das Leben?
- … Glück?
- … Sexualität?
- … Geld?
- … Erfolg?
- … Erfüllung?
- … Gesundheit?

Notiere alles, was dir einfällt – es gibt kein Richtig oder Falsch, es gibt nur dein Leben!

Glaubenssätze auflösen in 3 Schritten

Du hast nun einige Glaubenssätze auf dem Papier stehen. Welche Glaubenssätze würdest du gern auflösen? Welche möchtest du bestärken und welche blockieren dich? Die positiven Glaubenssätze darfst du behalten und stolz in dir tragen – Glückwunsch, ihr dürft für immer bleiben. Um die negativen Glaubenssätze kümmern wir uns jetzt. Denn die brauchst du nicht mit dir herumzuschleppen.

1. Woher kommen deine Glaubenssätze?

Überlege ganz genau, wie dein Glaubenssatz entstanden sein könnte. War es eine Lehrerin oder ein Lehrer, die oder der dir diesen Satz gesagt oder dir dieses Gefühl vermittelt hat? Waren es deine Eltern? Freunde aus Kindheitstagen? Reise in Gedanken einmal in die Vergangenheit und schreibe Situationen und Erlebnisse aus deiner Kindheit auf, die dich in Bezug auf deinen Glaubenssatz geprägt haben. Durch die Erkenntnis, dass der Glaubenssätze seinen Ursprung in der Vergangenheit habt, kannst du dich innerlich bereits ein Stück von ihm lösen. Er gehört ins Früher, nicht ins Jetzt. Du darfst dich von ihm verabschieden.

2. Aus Alt mach Neu: Transformiere deine Glaubenssätze

Zeichne dir eine Tabelle: Ganz links steht dein alter Glaubenssatz, in der Mitte dein neuer und ganz rechts das Gefühl, das du gern spüren möchtest. Hier sind einige Beispiele zur Verdeutlichung:

Alter Glaubenssatz	Neuer Glaubenssatz/Affirmation	Gefühl, das du spüren möchtest
Ich bin nicht gut genug.	Ich bin genau richtig, so wie ich bin.	Akzeptanz und Verbundenheit
Das Leben ist kein Ponyhof.	Das Leben darf leicht sein.	Gelassenheit und Leichtigkeit

Ich bin nicht liebenswert.	Ich bin ein liebenswerter und einzigartiger Mensch.	Selbstliebe und Selbstakzeptanz

Ich weiß, dass diese neuen Glaubenssätze nicht innerhalb von ein paar Minuten die alten überschreiben werden. Dieser Prozess kann lange dauern – Wochen, Monate, manchmal sogar Jahre. Doch durch das Aufschreiben und die bewusste Entscheidung für eine Veränderung folgst du deinem Herzensweg. Mit dieser Entscheidung kannst du bewusst überlegen, welchen ersten kleinen Schritt du sofort gehen kannst, um deinem neuen Glaubenssatz näherzukommen. Was kannst du heute, jetzt und hier verändern? Wenn du gleich jemandem begegnest – wie wirst du dich verhalten? Wie reagierst du, wenn dir jemand einen blöden Spruch an den Kopf wirft? Es sind all die Mini-Veränderungen, die auf lange Sicht dein neues Leben gestalten.

Manchmal ist auch ein Prozess des Loslassens nötig, um wirklich eine Transformation zu erreichen – dazu mehr in Kapitel 7.

3. Wiederhole deine Affirmationen und halte sie präsent

Sprich die Sätze aus der mittleren Spalte deiner Tabelle immer wieder laut aus. Am besten täglich. Du wirst dir dabei vielleicht komisch vorkommen, das ist ganz normal. Es muss ja niemand dabei sein. Doch das laute Aussprechen schafft Realität.

Zudem kannst du deine Affirmationen überall platzieren, wo sie dir immer wieder begegnen: am Kühlschrank, am Spiegel, als Hintergrundbild auf dem Handy, in deiner Handtasche, als Lesezeichen. Je häufiger du diese Sätze siehst, denkst und visualisierst, desto besser prägen sie sich ein. Durch die ständige Wiederholung wirst du dieses neue, bestärkende Gefühl in dein System integrieren – und so deine Umwelt nach und nach ganz anders wahrnehmen. Ein wundervoller, heilsamer Prozess!

Die Dating-App-Falle

Kommen wir zurück zum Thema Liebesbeziehungen. Egal, ob du nun das Gefühl hast, deine Glaubenssätze bereits gut bearbeitet zu haben oder nicht, egal, wie weit du in dem Prozess deiner persönlichen Weiterentwicklung bist – wenn du dich nach einer Beziehung sehnst, landest du vermutlich früher oder später bei einer Dating-App. Deshalb möchte ich auch kurz auf dieses Thema eingehen.

Es gibt einige Erfolgsgeschichten, bei denen sich Paare über eine App kennengelernt, geheiratet und Kinder bekommen haben, vielleicht warst auch du schon auf einer »Tinder-Hochzeit« eingeladen. Ja, es kann funktionieren. Doch natürlich ist das Ziel der Unternehmen hinter den Dating-Apps nicht, dass du dich schnell wieder abmeldest und nie wiederkommst, sondern dass du so viel wie möglich swipest, nach dem nächsten »Match« suchst und die Premium-Version kaufst.

Zur Erklärung: Dating-Apps basieren auf dem Prinzip, dass dir Bilder von anderen Singles angezeigt werden, die du mit einem »Swipe« nach links (kein Interesse) oder rechts (Interesse) bewerten kannst. Wischen beide nach rechts, gibt es ein »Match« und du kannst anfangen zu chatten.

Das Unternehmen hinter der App hat ein wirtschaftliches Interesse daran, dass Menschen die kostenpflichtige Version nutzen wollen. Ist die Lust am Swipen erst einmal geweckt, locken in der kostenpflichtigen Version mehr Zusatzfunktionen und eine höhere Sichtbarkeit bei anderen Singles.

Das funktioniert. Denn Dating-Apps spielen mit unseren Gehirnen.[2] Kurz gesagt: Die App macht süchtig. Denn auch wenn dein Ziel bei der Installation noch war, die Liebe deines Lebens kennenzulernen, bist du schon nach den ersten Swipes im Spiel angekommen. Es geht bei Dating-Apps weniger ums Kennenlernen, sondern vielmehr um den Spaß an der Suche. Dein Gehirn liebt es, das Aussehen eines Menschen zu bewerten. Findest du eine Person attraktiv, greift das Prinzip der »ästhetischen Belohnung«. Dein Kopf ist so programmiert, dass es Schönheit sucht, erkennt und sich ihr nähern will. Mit jedem Swipe erscheint ein neues Bild, und du hast wieder eine Chance auf Belohnung. Bei dieser Belohnung wird Dopamin freigesetzt, ein Molekül, das unter anderem für die Entstehung von Lust, Motivation und Sucht zuständig ist. Erst recht, wenn auch noch ein Match dabei entsteht. Dabei wird der psychologische Trick der willkürlichen Belohnung genutzt. Soll heißen: Nicht jedes Bild wird dir gefallen. Aber ab und an ist eine äußerst attraktive Person dabei. Dafür sorgt der Algorithmus. Also suchst du weiter, um den Kick des Dopamins wieder zu spüren. Irgendwann muss doch wieder ein attraktives Gesicht dabei sein! Nein, nein, nein, nein … da!

Dazu kommt die Angst, etwas zu verpassen, wenn du nicht weitermachst. Dating-FOMO[3]. Denn, wer weiß, vielleicht wartet drei Swipes weiter die Liebe deines Lebens?

Das Problem dabei: Dein Gehirn ist unersättlich, wenn es um Dopaminkicks geht. Das ist wie im Spielcasino: Wenn du in der ersten Runde viel gewinnst, gehst du nicht zufrieden nach Hause, sondern machst weiter, um noch mehr zu gewinnen. So ist es auch beim Sammeln von Matches. Aus deiner Intention, eine Partnerin oder einen Partner zu finden, ist ein Spiel geworden, das mit einer verbindlichen Partnerschaft so gut wie nichts mehr zu tun hat.

Verurteile ich Dating-Apps? Nein, keineswegs. Ich finde das Prinzip dieser Apps grundsätzlich gut. Sie bringen Menschen zusammen, die sich sonst vielleicht nie begegnet wären. Sie sorgen für menschliche Nähe und schaffen ein Gefühl von Verbundenheit, das sehr tröstlich sein kann, wenn man sich gerade einsam fühlt.

Du musst nur sehr achtsam bei der Nutzung sein. Zum einen sorgt die bereits erwähnte Dopaminfalle dafür, dass du ein Spiel spielst, statt dich der Liebe zu öffnen. Zum anderen lenkt dich der ständige Blick auf den Bildschirm leicht von dir selbst ab und hindert dich daran, nach innen zu schauen, zu reflektieren und deine Bedürfnisse wahrzunehmen. Die Selbstreflexion sollte immer der erste Schritt bei der Partnersuche sein. Denn wenn du dir selbst nah bist und dich mit deinen Mustern und Glaubenssätzen auseinandergesetzt hast, kannst du auch Dating-Apps sehr viel bewusster und fokussierter nutzen. Lass dein Leben nicht von einem Algorithmus steuern. Nimm es selbst in die Hand.

Du bist die Torte

Ab und zu werde ich gefragt, ob ich Beziehungen coache. Dann muss ich immer wieder leicht schmunzeln und sagen: nein! Denn jede Beziehung fängt bei dir an. Ich bin auch der Meinung, dass eine Paartherapie erst einmal damit beginnen sollte, dass jeder für sich die eigenen Themen anschaut, bevor beide gemeinsam sich begegnen.

Denn wenn dich etwas blockiert oder belastet, wirst du dieses innere Ungleichgewicht immer auf deine Partnerin oder deinen Partner projizieren. Deshalb gilt: Reflexion statt Projektion. Bevor du anfängst, andere zu daten, date dich selbst. Lern dich kennen. Schau genau hin, betrachte deine Schattenseiten und entscheide, welche

Prägungen du transformieren und welche du behalten willst. Denn dann wirst du erkennen, dass du so, wie du bist, großartig bist. Dass dein wahres Selbst immer da ist, egal, was passiert.

Du bist die fertige Torte, nicht nur der Teig, bei dem noch ein paar Zutaten fehlen. Du hast alles in dir. Du bist Biskuit, Creme und Fondant. All das entspricht den Facetten deiner Persönlichkeit.

Du bist auch keine halbe Torte, die nach »ihrer besseren Hälfte« sucht. Ich mag den Begriff der besseren Hälfte überhaupt nicht, denn das würde bedeuten, dass du die schlechtere Hälfte bist. So ein Quatsch! Du bist komplett und genau richtig. Und eine Liebesbeziehung wäre nicht die »bessere Hälfte«, sondern die Kirsche auf der Torte. Das Topping, das alles noch schöner macht, als es sowieso schon ist. Vergiss das nicht. Du. Bist. Die. Torte. Alles, was du brauchst, trägst du in dir. Du brauchst keine Beziehung, um vollständig zu sein. Und erst, wenn du das erkannt hast, die Torte in ihrer ganzen Pracht siehst, kannst du mit einem zufriedenen Lächeln die Kirsche obendrauf legen.

4.
Wieso du *alles verstehst* und trotzdem *nichts veränderst*

Du bist jetzt richtig motiviert. Du bist die Torte, du hast deine Glaubenssätze aufgeschrieben und transformiert, du sprichst deine Affirmationen täglich laut aus und hast eine Menge Podcasts gehört. Kurz: Du hast alles verstanden. Deine Motivation, dein Leben in eine neue Richtung zu lenken und negative Gedanken- und Verhaltensmuster loszulassen, ist hoch. Doch dann kommt der Alltag. In all den motivierenden, tiefgründigen Büchern steht fast nie etwas davon, dass man arbeiten gehen, Zähne putzen, Wäsche waschen, den Müll rausbringen und die Küche aufräumen muss. Das kann ziemlich desillusionierend wirken und an der Motivation nagen. Nach einigen Wochen merkst du, dass du zwar neue Wege gehen wolltest, aber immer noch die oder der Alte bist. Es funktioniert nicht. Du murmelst irgendwann nur noch mit der Zahnbürste im Mund deine Affirmationen, ohne sie zu fühlen. Du hängst fest und rutschst immer wieder in deine gewohnten Denkmuster, weil dein Leben einfach weitergeht und dich vor immer neue Herausforderungen stellt, statt dir mal ein paar Monate Ruhe zu gönnen. Obwohl du dir bewusst bist, dass du nicht weiterkommst, kannst du es nicht ändern. Schlimmstenfalls gesellt sich zu den schlechten Gewohnheiten auch noch ein schlechtes Gewissen, weil du die Transformation nicht in dein Leben integrieren kannst. Es fühlt sich so an, als würdest du versuchen, die Suppe mit einer Gabel zu löffeln. Jupp, das ist ziemlich frustrierend.

Dir fehlen die richtigen Tools und das Know-how. Ab einem gewissen Zeitpunkt bringen dich Informationen nicht mehr weiter, sondern du brauchst die richtige Strategie für eine Umsetzung.

Ich kann dich beruhigen: Dieser Moment des »Steckenbleibens« ist normal. Ein kurzes Beispiel, das jeder kennt, zeigt das ziemlich gut: Vielleicht hast du dich auch schon mal im Fitnessstudio angemeldet und bist nach den ersten drei Wochen nur noch unregelmäßig und dann gar nicht mehr hingegangen. Obwohl du weißt, wie gut Bewegung tut.

Du hast jahre-, vielleicht jahrzehntelang deine Denk- und Verhaltensmuster eingeübt und deine Glaubenssätze verinnerlicht. Das schüttelst du nicht mal eben ab, indem du zwei kluge Bücher liest. Sei geduldig. Rechne schon von Anfang an damit, dass dir zwischendurch die Puste ausgehen wird. Aber gib nicht auf und steig wieder ein. Der bewusste ist nicht der einfache Weg. Ich kenne das auch. Selbst bei der Trennung auf Bali, die doch auf den ersten Blick so überraschend gut lief, haderte ich immer wieder. Und, ganz offen gesprochen, diese Stimmen sind auch heute noch ab und zu in meinem Kopf.

War das alles so richtig? Nun stehe ich wieder alleine da. Da gab es diese Frau in meinem Leben und ich ließ sie gehen. War es doch die falsche Entscheidung? Was wäre passiert, wenn wir uns nicht getrennt hätten?

Auch hier gilt: Alles ganz normal! Zweifel gehören dazu. Doch es geht darum, dich bewusst zu entscheiden, ob du den Zweifeln Beachtung schenken möchtest oder nicht. Du kannst wählen, in welche Richtung es weitergeht. Manchmal sind Zweifel berechtigt. Manchmal nicht. Dann kannst du sie einfach links liegen lassen und weitergehen. Glaub nicht alles, was du denkst.

Ja, dein Gehirn geht gern in den Chill-out-Modus und nimmt lieber die bequemen »Gedankenautobahnen«, die es kennt. Und ja, es ist anstrengend, es anders zu machen. Doch es lohnt sich. Denn je öfter du neue Wege gehst, desto leichter wird es. Glaub mir: Wenn du es schaffst, mit deinem Herzen in Verbindung zu treten, etablierst du neue Gewohnheiten der Selbstliebe, die dich zufriedener machen.

Stück für Stück bilden sich mit den richtigen Tools neue Trampelpfade in deinen Denkstrukturen, die immer breiter und bequemer werden, je häufiger du sie gehst. Und in ein paar Jahren hast du neue Strukturen in deinem Gehirn geschaffen, bei denen du wirklich aus dir selbst heraus handelst. Weil du gelernt hast, was für ein großartiges Gefühl es ist, dein wahres Selbst zu kennen, nicht mehr auf andere zu hören und neue Glaubenssätze zu leben. Dann wird es leicht. Also: Geh es an!

Die 8 besten Tools, um mit der Umsetzung zu starten

Damit du deine »Gedankenautobahnen« verlassen und neue Wege gehen kannst, gibt es ein paar Tools, die es dir einfacher machen:

1. Selbstbeobachtung

Schau dir dich und dein Leben an. Welche Gedanken hast du über dich? Welche Gefühle? Welche Schutzstrategien wendest du an? Welche Rollen und Aufgaben hast du aus der Kindheit übernommen? Versuche dabei, nicht zu werten, sondern nur zu beobachten. Schon das klare Bewusstsein über deinen Zustand wird etwas verändern, glaube mir.

2. Dankbarkeit

Durch Dankbarkeit kannst du deinen Fokus verändern und Zweifel stumm schalten, wenn sie sinnlos sind. Eine regelmäßige Dankbarkeitspraxis sorgt für mehr Zufriedenheit im Leben. Nimm dir dazu jeden Abend kurz Zeit und schreibe fünf Minuten lang auf, wofür du dankbar bist. Das können viele Dinge sein: der leckere Kaffee, das nette Gespräch beim Bäcker, deine Katze, die auf deinem Schoß liegt und schnurrt, oder deine Schwester, die spontan mit frischen Blumen vorbeigekommen ist. Auch wenn du schon Tagebuch schreibst, sammle in einem extra Buch all die Dinge, für die du dankbar bist!

3. Großzügigkeit

Kannst du dich mit anderen mitfreuen oder wirst du schnell neidisch? Wer von Herzen geben kann und anderen Menschen immer wieder eine kleine Freude bereitet, wird auch selbst zufriedener. Übe immer wieder, zu geben, statt zu nehmen. Gib Freunden ein Eis aus. Bring deiner Partnerin oder deinem Partner beim Einkaufen etwas Leckeres mit. Überrasche jemanden. Ruf liebe Menschen an, nur um zu fragen, wie es ihnen geht. Beobachte, wie es dir dabei geht.

4. Achtsamkeit

Achtsamkeitsübungen haben einen erstaunlichen Effekt. Stelle dir ein trübes Wasserglas vor, in dem sich feiner Sand befindet. Dein Geist entspricht im Alltag diesem Wasserglas, wenn es geschüttelt wird – alles ist vernebelt und unklar. Meditation und Achtsamkeitsübungen ermöglichen es, das Glas abzusetzen und es ruhig stehen zu lassen. Der feine Sand sammelt sich am Boden. Der Rest des Glases wird hingegen klar – wie unser Geist nach einer intensiven Meditation. Du kannst auf diese Weise wieder fokussiert und klar denken.

5. Selbstliebe und Selbstbewusstsein stärken

Wenn du eine echte Veränderung spüren und mehr innere Zufriedenheit erleben möchtest, solltest du einen nachsichtigen und liebevollen Umgang mit dir selbst pflegen. Denn viele Menschen sind selbst ihre größten Kritiker – kennst du das auch? Was andere halb so wild finden, beschäftigt dich in stundenlangen Grübeleien. Glaube mir: Du bist genug. Du darfst von dir selbst überzeugt sein. Du bist genau richtig, so wie du bist.

6. Selbstsabotage stoppen

Eigentlich wolltest du die alte Beziehung loslassen, doch nun schaust du wieder alte Fotos an. Eigentlich wolltest du früh Feierabend machen, doch nun hast du wieder die Aufgaben von einem Kollegen übernommen. Eigentlich wolltest du meditieren, doch du wurdest angerufen. Dieses Verhalten nennt sich Selbstsabotage. Lerne, Grenzen zu ziehen und bewusst Nein zu sagen, um dir deinen Raum zu nehmen und deine eigenen Bedürfnisse zu schützen. Es geht um dein Leben.

7. Glaubenssätze auflösen

Im letzten Kapitel habe ich dir erklärt, wie du deine Glaubenssätze in drei Schritten auflösen kannst. Auch wenn es schwierig wird, bleib dran. Frag dich immer wieder, wer du wärst, wenn du diese Überzeugungen nicht hättest. Wie würde dein Leben aussehen? Was würde sich ändern? Nutze dieses Gedankenspiel als Motivation!

8. Coaching

Vielen Menschen fällt es schwer, ohne Impulse von außen ihre guten Vorsätze umzusetzen. Hierbei hilft ein gutes Coaching. Es versetzt dich in die Lage, deine negativen Glaubenssätze und Überzeugungen aktiv zu transformieren. Durch gezielte Übungen und Fragen sowie ein inhaltlich sinnvoll strukturiertes Programm, kannst du deine innere Zufriedenheit stärken. Dazu werde ich dir am Ende dieses Kapitels noch mehr erzählen.

Mit diesen Tools kann auf dem Weg zu deinem wahren Selbst nichts mehr schiefgehen oder? Nun, wenn du all diese Impulse umsetzen möchtest, ist es sinnvoll, erst einmal zu verstehen, was das wahre Selbst eigentlich ist.

Auf der Suche nach dem wahren Selbst

Dein wahres Selbst finden. Darum geht es. Klingt ja ganz nett, denkst du dir, aber was soll dieses wahre Selbst sein? Du bist doch ein Teil dieser Welt, bewegst dich, veränderst Dinge, sprichst mit Menschen, lachst, weinst, das bist doch alles du. Das ist doch alles dein wahres Selbst. Oder? Nun, es ist etwas komplexer.

Um eine Transformation zu erreichen, solltest du den Aufbau unserer Psyche verstehen. Ich nutze dafür grundlegend die Persönlichkeitstheorie des Schweizer Psychiaters Carl Gustav Jung (1875–1961), die ich hier angepasst und vereinfacht frei nach dem Buch *Körperspuren*[4] von Bernhard Voss darstelle.

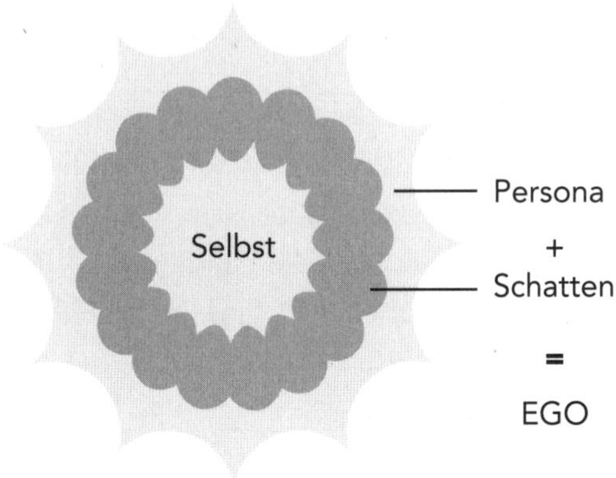

Aufbau der Persönlichkeit (abgewandelte Darstellung nach Voss)[5]

Persona – unser Schutzmantel

Ganz außen ist die »Persona«, der »Schutzmantel« deiner Psyche. Das ist der Anteil deiner Person, der sicht- und wahrnehmbar ist. Dazu gehören unter anderem Kleidung, Frisur, Mimik, Gestik und Make-up, aber auch deine Außenwirkung: Bist du laut oder leise? Reißt du gern Witze oder bist du eher nachdenklich?

Du kannst deine Persona beeinflussen. Du bewegst dich durch den Raum, du spürst, was passiert, du handelst, du reagierst, du kannst deine Wirkung und dein Aussehen verändern. Du hörst, riechst, schmeckst, fühlst und siehst deine Umgebung. Das Körper-Raum-Verhältnis ist klar und greifbar.

Die Persona ist also die bewusste Ebene deines Egos. Und der Teil, der auch gern mal ein paar Dinge kaschieren kann. Wenn dir ein Pickel unangenehm ist, deckst du ihn vielleicht mit einem Abdeckstift ab. Genauso überspielst du Unsicherheiten beispielsweise mit einem lustigen Spruch oder arrogantem Verhalten.

Schatten – unsere inneren Monster und Potenziale

Wenn wir uns den Kreis so anschauen, ist die Persona der Bereich, auf den das Licht fällt. Wo Licht ist, ist auch Schatten. Hinter jeder Persona liegt ein Schatten.

In diesem lauern die unbewussten Anteile deines Egos. Gut verpackt, ins Unterbewusstsein verdrängt, aber nicht vergessen. Der Schattenbereich beinhaltet die schlechten Erfahrungen aus deiner Kindheit, Emotionen wie Wut und Trauer sowie Instinkte von Aggression bis Sexualität. Es sind die Dinge, die du ungern nach außen kehrst. Weil »man das nicht so macht«. (Da ist er wieder, der fiese Satz, bei dem du immer stutzig werden solltest!) Weil du gelernt hast, dass du Ärger bekommst oder schräg angeguckt wirst, wenn du rauslässt, was in dir steckt. Scham ist ein sehr starkes und sehr unangenehmes Gefühl – daher lässt du (genau wie alle anderen auch) viele Dinge lieber im Schatten und strahlst mit deiner gut zurechtgestutzten Persona nach außen.[6]

Das Problem dabei: Die Schattenanteile verschwinden nicht, wenn du sie ignorierst. Sie beeinflussen zu 90 bis 95 Prozent unbewusst dein Verhalten, deine Urteile und dein Denken.

Ein Beispiel: Du bist vielleicht eine Person, die sehr viel arbeitet und sich kaum Pausen gönnt. Durchpowern, durchhalten und nicht so schnell schlappmachen – du hast gelernt, dass Jammern »uncool« ist und dass du funktionieren musst. Das ist eine Prägung, die sicherlich in deiner Kindheit ihren Ursprung findet.

Nun gehst du durch die Welt und bist mit Menschen konfrontiert, die anders aufgewachsen sind und dieses Leistungsideal nicht verinnerlicht haben. Ein Kollege von dir meldet sich schon mit einem leichten Schnupfen krank. Deine Reaktion: »Was für ein Waschlappen. Der hat wohl keinen Bock zu arbeiten.«

Vielleicht hast du schon mal den Spruch gehört: »Was Peter über

Paul sagt, sagt mehr über Peter als über Paul.« Das ist auch hier so. Dein Urteil über deinen Kollegen sagt mehr über *dich* als über *ihn* aus. Deine Abwertung entsteht dadurch, dass der Kollege *dein* unterdrücktes Bedürfnis nach Erholung triggert. Du hast dieses Bedürfnis aufgrund deiner Du-musst-immer-leisten-Prägung verdrängt und projizierst nun deine erlernten Ideale auf deinen Kollegen, statt ehrlich zu dir selbst zu sein und dich zu fragen, ob du nicht auch mal eine Pause und mehr Zeit für dich bräuchtest.

Für mich war die Erkenntnis, dass meine Reaktion etwas über mich selbst verrät, ein Gamechanger. Zum einen nimmt sie den Druck raus, wenn du selbst Kritik erntest, denn es geht meistens nicht um dich, sondern (auch) um die andere Person, die ihr Päckchen mit sich rumträgt und bei der du durch dein Verhalten gerade etwas triggerst.

Zum anderen wird die Selbstbeobachtung somit zu einem Tool, mit dem du dir selbst näherkommst. Du kannst anhand deiner spontanen Reaktionen im Außen etwas über dein Unterbewusstsein erfahren. Wenn du dieses Tool bewusst nutzt, näherst du dich deinem wahren Ich.

Frag dich immer wieder: *Wieso reagiere ich gerade so harsch, wütend oder verärgert? War die Situation wirklich so schlimm? Oder reißen gerade alte Verletzungen auf, die mich so aus der Bahn werfen? Was für Verletzungen sind das?*

Dein Schattenanteil beinhaltet auch all die Emotionen, die im Alltag keinen Platz finden. Du hast gelernt, dich selbst zu zügeln und deine Emotionen »im Griff zu haben«. Diese intensiven Gefühle sind aber nicht weg – sie liegen nur woanders. Im Schatten. Und vielleicht ahnst du jetzt schon, was für ein Potenzial dort schlummert.

Das wahre Selbst

Nun kommen wir zum wahren Selbst. Hier liegt der Kern deiner Persönlichkeit. Dein Ich, das unabhängig von all den äußeren Einflüssen, Prägungen und Learnings existiert. Das bist *DU*. Ohne Erwartungen, Bewertungen und Einschränkungen. Und je näher du deinem Wesenskern bist, desto klarer wird dir, wie *du* handeln willst und welche Entscheidungen *dir* entsprechen. Das ist die viel zitierte »Mitte«, in der wir alle ruhen wollen. Apropos ruhen: Es sind die Momente, in denen wir eine tiefe Ruhe und Zufriedenheit in uns spüren, in denen wir diesem wahren Selbst besonders nah sind. Vielleicht spürst du diese Ruhe beim Blick in die Sterne, aufs Meer oder in die Baumkronen. Vielleicht beim Meditieren, Joggen, Kuscheln oder beim Lachanfall mit deiner besten Freundin. Wir kennen alle die Momente, in denen Vergangenheit und Zukunft verschwinden. Dann sind wir vollkommen im Hier und Jetzt, präsent, achtsam, im Flow. Einfach – da.

Es ist nicht das Ziel, ständig diesen Zustand zu erreichen. Das wäre realitätsfern, denn unser Ego, also unsere Persona sowie unsere Schattenanteile, können wir nicht einfach abstreifen.

Doch ich kann dir aus eigener Erfahrung sagen, dass es ein wundervolles Gefühl ist, diesem wahren Selbst sehr nah zu kommen und sich mit diesem Wesenskern emotional zu verbinden. Hier kommt das HEARTset ins Spiel, denn genau das beschreibt die Verbindung zu deinem wahren Selbst. Das tiefe Gefühl der Verbundenheit, das dir in jeder Lebenslage Vertrauen und Sicherheit bietet und dir dabei hilft, in deinem Sinne zu reagieren. Egal, was der Alltag für Herausforderungen für dich bereithält, an diesen Ort des Friedens kannst du jederzeit zurückkehren. Ruhe und Zufriedenheit sind immer da – in dir. Klingt gut, oder?

Von außen nach innen: *Erkenne dich selbst*

Mit diesem Persönlichkeitsmodell wird deutlich, wie die Bewusstwerdung abläuft. Kurz gesagt: Du fängst außen an und arbeitest dich dann immer weiter nach innen vor.

Im ersten Schritt schaust du dir deine Persona an. Wie wirkst du auf andere? Wie gibst du dich, wie verhältst du dich?

Wenn du hier genau hinschaust, beginnst du ganz automatisch, an der Schattenebene zu kratzen. Wie bereits erwähnt: Jede deiner Reaktionen verrät etwas über dich. In dem bereits genannten Beispiel mit dem Kollegen, der sich mit Schnupfen krankmeldet, verurteilst du andere Menschen für Dinge, die du dir selbst nicht erlaubst. Das ist nur ein Beispiel von vielen, bei denen dir dein Verhalten Hinweise auf deinen Schatten gibt.

Immer wenn du dich schuldig fühlst, meldet sich der Schatten. Mein therapeutischer Ziehvater, Bernhard Voss, hat einen Satz gesagt, der sich tief bei mir eingebrannt hat: »Schuld ist ein Wachstumspotenzial.« Wenn du dich schuldig fühlst, dann weißt du, dass du gerade mit deinem Schatten arbeitest.

Ein anderes Beispiel: Du landest in Liebesbeziehungen immer wieder beim gleichen »Typ« Mann oder Frau. Menschen, die dir nicht guttun, nur an sich denken und der Beziehung keine Priorität geben. Du kannst nun überlegen, wieso du genau diese Sorte Menschen anziehst. Vielleicht wird dir bewusst, dass deine Mutter früher sehr gestresst war und dich nur beachtet hat, wenn du geklagt hast. Genau diesen Schmerz und diese Bedürftigkeit sendest du immer noch aus – du hast gelernt, dass du nur im Schmerz wahrgenommen wirst, also suchst du dir unbewusst Menschen aus, die dich auch heute nur im Schmerz wahrnehmen, dich im Alltag kaum beachten, dir keine Priorität geben und mit diesem Verhalten deine Erfahrung immer wieder bestätigen. So festigt sich dein Glaubenssatz, dass du es nicht wert bist, bedingungslos geliebt zu werden.

Das ist nun eine sehr verkürzte und beispielhafte Analyse, aber ich glaube, dass damit klar wird, wie du ausgehend von deiner Persona (äußerer Kreis) in deine Schattenanteile (innerer Kreis) vordringen kannst.

Stück für Stück wird dir so die Dimension deines Schattens bewusst. Vielleicht hast du schon mal von dem Eisberg-Modell gehört: Dieses sagt aus, dass unser Leben zu 90 bis 95 Prozent von unserem Unterbewusstsein gesteuert wird, nur fünf bis zehn Prozent entscheiden wir wirklich rational und bewusst.

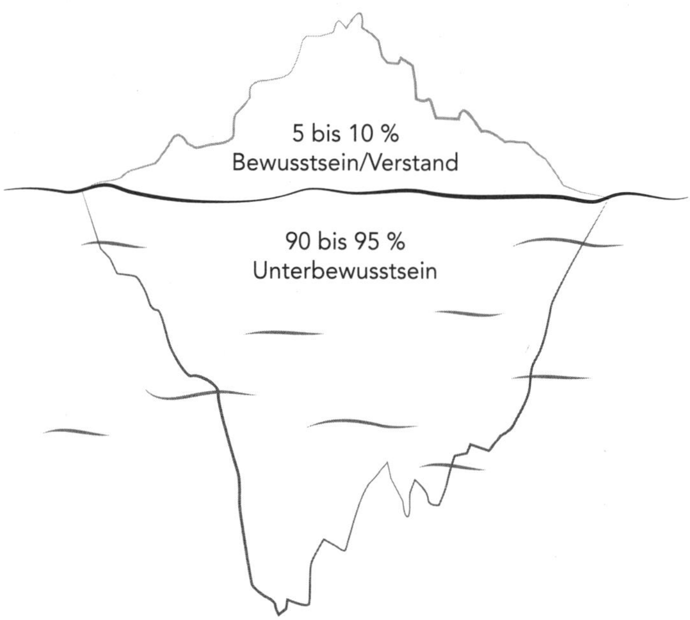

Du steuerst nur fünf bis zehn Prozent deiner Handlungen bewusst, den Rest steuert dein Unterbewusstsein – ziemlich beeindruckend, oder?

Wenn man neben so einem Eisberg tief Luft holt, unter Wasser taucht und die Ausmaße erkennt, kann das ziemlich erschreckend sein.

Das Wundervolle an diesem Blick in den Schatten: Durch das Anerkennen dieser Anteile hast du die Möglichkeit, sie zu verändern. Du musst sie nicht annehmen und feiern, nur sehen. Denn wenn du weißt, wo die Wurzel deines Problems liegt, kannst du sie rausreißen und etwas Neues pflanzen.

Du hast dich fälschlicherweise bis heute mit deinen limitierenden Glaubenssätzen oder Erfahrungen aus der Kindheit identifiziert. Doch das ist nicht länger deine Geschichte. Du kannst sie heute verändern, indem du mit diesen Anteilen arbeitest und lernst, dich zu de-identifizieren. Du hast die Möglichkeit, dich zu transformieren und eine neue Version von dir zu erschaffen. Du hast sogar die Möglichkeit, das Potenzial deiner unterdrückten Emotionen zu nutzen, um es in etwas Positives, Hilfreiches zu verwandeln.

Zudem lohnt es sich, auf den Schatten zu gucken und durch eventuell schmerzhafte Erkenntnisse zu gehen, denn so kommst du deinem Wesenskern, deinem wahren Selbst, näher. Im Schaubild wird das besonders klar: Hast du dich durch die beiden äußeren Schichten durchgearbeitet, bist du dir selbst ganz nah. Du darfst in deiner Mitte ankommen und dich mit ihr verbinden.

Dieser Schritt ins wahre Selbst ist wahrscheinlich der schwierigste, doch genau hier wartet deine Freiheit auf dich. Es wird dir vermutlich nie gelingen, ständig und immer in deinem Wesenskern zu ruhen. Doch zu spüren, dass da eine Energie und Lebenslust in dir ist, die völlig frei von Bewertungen und Beschränkungen existiert, ist ein großartiges Gefühl. Es ist nicht das MINDset, sondern das HEARTset, welches dir das Gefühl eröffnet, ganz bei dir zu sein. Hier spielen Wissen, Erfahrungen, Pläne oder Glaubenssätze keine Rolle, hier geht es nur um dich in diesem Moment.

Wenn du es schaffst, immer wieder diese Verbindung herzustellen, immer wieder in dich hineinzufühlen und deinen Wesenskern zu spüren, kannst du deinen Herzensweg gehen und wahrhaft authentisch leben.

Nutze *Coaching* als Shortcut

Dieser Prozess der Selbsterkenntnis ist nicht einfach. Gerade wenn man allein versucht, die Persona zu analysieren, den Schattenanteil zu erkennen, die Wechselwirkungen zu entschlüsseln und dann noch die alten Strukturen zu transformieren.

Wenn ich meinen eigenen Weg rückblickend betrachte, muss ich zugeben: Ich hätte das nie allein geschafft. Als ich 2013 meinen Job in der Unternehmensberatung gekündigt und im Start-up angefangen hatte, begann ich mit der Reise zu mir selbst. Auch ich dachte zu Beginn meines Weges, dass es meine Aufgabe sei, diesen Weg nun allein zu gehen. Ich kaufte mir Bücher, hörte so ziemlich alle Podcasts, die ich finden konnte, nahm mir Zeit, schrieb viele Dinge auf.

Mir begegnete ein Coaching-Angebot. 3000 Euro für ein Wochenende? »Uff, das ist sehr viel Geld«, dachte ich. Der Coach würde doch auch nur das vermitteln, was ich in Büchern lesen kann – zumindest redete ich mir das damals ein. Also versuchte ich ein halbes Jahr lang auf eigene Faust, mit meinem wahren Selbst in Verbindung zu kommen. Das Resultat: viele gelesene Seiten, viele Podcast-Stunden, drei vollgeschriebene Notizbücher, und trotz allem kam ich kaum weiter. Ich hing fest in meinem Gedankenkarussell, drehte immer wieder die gleichen Runden, begriff vieles und veränderte nichts. Ich *verstand* zwar, wie ich mit meinem Selbst im Einklang leben könnte, aber ich *fühlte* keine Veränderung. Ich schaffte es nicht, mein

HEARTset zu kreieren. Es war, als würde ich ein Rezept für ein leckeres Curry immer wieder lesen, aber es nicht schaffen, einzukaufen und mich an den Herd zu stellen.

Als ich eines Tages mein Auto in eine Werkstatt brachte, ging nicht nur den Kontrollleuchten, sondern auch mir selbst ein Licht auf. Ich könnte zehn Bücher über Autoreparaturen lesen, Podcasts hören und YouTube-Videos schauen. Und vielleicht würde ich es mit sehr, sehr viel Zeit und Geduld auf diese Weise sogar hinkriegen, kleinere Probleme an meinem Auto selbst zu reparieren. Doch über diese Option dachte ich ehrlicherweise nicht einmal im Entferntesten nach, als mein Auto kaputt war. Ich rief eine Autowerkstatt an und war froh, dass Experten sich um meinen Wagen kümmerten. Das kostete zwar Geld, doch ich konnte nach zwei Tagen wieder mit einem voll funktionstüchtigen Auto herumfahren. Wieso hatte ich geglaubt, dass ich die Selbstfindungsarbeit easy allein regeln könnte? Der Weg zum wahren Selbst ist komplexer als jede Autoreparatur. Ist doch klar, dass ich dabei Hilfe brauchte.

Zudem wurde mir bewusst: Wenn ich selbst betroffen bin, ist es schwierig, eine Perspektive einzunehmen, aus der ich die Lage von außen betrachten und analysieren kann. Nicht einmal der beste Herzchirurg der Welt kann sich selbst am eigenen Herzen operieren. Ich kann mich nicht selbst aus dem Schlamm ziehen, sondern brauche jemanden, die oder der mich hält und mir eine Hand reicht.

Ich brauchte Hilfe. Und diese Erkenntnis machte mich nicht schwächer, sondern brachte mich ein großes Stück weiter.

Ich suchte wieder nach dem Coaching-Angebot, das mir ein halbes Jahr vorher schon begegnet war. Es war ausgebucht und kostete nun 4000 Euro. »Egal«, dachte ich. »So, wie es bisher läuft, kann es nicht weitergehen. Ich mach das jetzt einfach.« Ich ließ mich auf die Warteliste setzen, durfte schließlich teilnehmen und wusste schon nach den ersten Stunden: Es war die richtige Entscheidung. Ein intensives Wochenende lang lernte ich den Coach persönlich kennen und hatte sofort einen Draht zu ihm. Wir waren auf einer Wellenlänge und er schaffte es, dass ich endlich mit der Umsetzung beginnen konnte.

In meinen bisherigen Coaching-Erfahrungen war ich einer von Tausenden Zuhörern. Es ging um viele allgemeine Probleme. Hier ging es ausschließlich um *mich*. Bisher hatte ich mich selbst analysiert und meinen Status quo erfasst – doch mein Coach gab mir endlich den entscheidenden Anstoß, wirklich etwas zu verändern, Entscheidungen für mein Leben zu treffen. »Vielleicht könnte ich«, »Eigentlich sollte ich« und »Ich müsste mal« waren Vergangenheit, ich wurde aktiv. Der direkte Zugang zum Coach, die Nähe und die direkt adressierten Impulse bewirkten endlich eine Veränderung in mir. Dieser Schritt hätte ohne Unterstützung sehr viel länger gedauert, möglicherweise hätte ich es auch nie dahin geschafft, wo ich heute stehe.

Stell dir vor, du willst von Hamburg nach New York. Steigst du in ein Flugzeug oder nimmst du ein Ruderboot? Eben. Ich hatte keine Lust, jahrelang auf hoher See zu kämpfen. Ich stieg ins Flugzeug auf der Reise zu mir selbst.

Ich habe in mich selbst investiert, Coachings, Ausbildungen und Fortbildungen besucht und mit Expertinnen und Experten gesprochen. Ich habe all diese Impulse als unglaublich wertvoll empfunden. Weil sie mich weitergebracht haben. Weil sie mir Abkürzungen aufgezeigt haben und mit einem kurzen Blick von außen Muster erkannten, die ich auch nach mehreren Jahren Selbstbeobachtung nicht gesehen hatte. Auch heute helfen mir Coaching-Sessions bei neuen Herausforderungen, weil der externe Blick eine neue Perspektive offenbart und mich die Zusammenarbeit motiviert, wirklich etwas zu verändern.

In den Coaching-Sitzungen gibt dir dein Coach nicht nur Impulse, sondern überprüft auch die gemeinsam festgelegten Zielvereinbarungen. So hilft er dir, dich so zu verhalten, dass du deine Vorsätze und Ziele erreichen kannst. Indem du regelmäßig über Fortschritte berichten »musst«, bleibst du motiviert. Denn tatsächlich findet der wichtigste Teil des Coachings *zwischen* den Coaching-Sessions statt: in deinem Alltag. *Du* musst handeln, *du* musst etwas ändern. Ein Coach ist kein Magier, der deine Probleme wegzaubert. Sondern du bekommst »Hilfe zur Selbsthilfe«. Die Hausaufgaben musst du selbst erledigen. Doch indem da jemand ist, vor dem du Rechenschaft ablegen musst, ist die Wahrscheinlichkeit sehr viel höher, dass du wirklich etwas veränderst.

Das ist wie beim Sport: Wenn du mit jemandem zum Joggen verabredet bist, fällt es schwerer, einfach auf der Couch zu bleiben.

Ein Coaching ist ein Shortcut auf dem Weg der Bewusstwerdung und eignet sich für dich, wenn du das Gefühl hast, dass du in deiner Weiterentwicklung ohne Hilfe nur in sehr kleinen Schritten oder gar nicht vorwärtskommst.

Grundsätzlich profitiert aber jeder Mensch von einem guten Coaching. Das liegt daran, dass wir uns als Menschen immer weiterentwickeln können. Jeder Mensch hat seine Baustellen. Das können zum Beispiel destruktive Verhaltensmuster oder aufzulösende Glaubenssätze sein.

Das Ziel des Coachings: Du erkennst die Wurzel deines Problems und kannst sie auflösen. So stärkst du dein Selbstvertrauen und Selbstwertgefühl, lernst, Altes loszulassen und Grenzen zu setzen, verbesserst deine Kommunikationsfähigkeiten, führst erfülltere und glücklichere Beziehungen, löst negative Glaubenssätze und destruktive Verhaltensmuster auf, legst selbstsabotierende Verhaltensweisen ab und/oder verwirklichst berufliche Ziele.

Manche Denk- und Verhaltensmuster wurzeln in der Kindheit. Doch keine Angst, du musst nicht stundenlang auf der Couch liegen, an die Decke starren und alle Kränkungen und Traumata deiner Kindheit durchkauen. Das wäre kein Coaching, sondern eine Psychoanalyse. Hier ist die Unterscheidung wichtig: Ein Coach ist kein Therapeut. Ein professioneller Coach kennt seine Grenzen. Wenn er Anzeichen einer psychischen Störung erkennt, verweist er die betreffende Person an einen Psychotherapeuten.

Natürlich schaust du mit einem Coach auch zeitweise zurück, erkennst, welche Kindheitserlebnisse dich geprägt haben. Doch es geht nicht darum, alles aufzuarbeiten, sondern darum, in die Zukunft zu schauen. Du kannst bestimmte Verhaltens- und Denkmuster verstärken (z.B. »Ich kann das«) oder auflösen (z.B. »Ich bin nicht liebenswert«). Im Coaching findest du Lösungen, beantwortest offene Fragen und bringst Ruhe und Zufriedenheit in dein Leben.

Ein gutes Coaching führt auch dazu, dass du nicht nur im Coaching-Prozess selbst, sondern auch danach mehr Verständnis für dich selbst entwickelst. Dein Grad an Selbstreflexion nimmt durch Coaching-Erfahrungen zu. So triffst du Entscheidungen zukünftig auch ohne Unterstützung selbstbestimmter und bist der Kapitän oder die Kapitänin deines Lebens!

Mithilfe eines Coachings kommst du schneller bei dir an und kannst dir eine Zukunft in Verbindung mit dir selbst aufbauen.

So findest du einen guten Coach

»Heutzutage ist doch jeder Coach«, höre ich immer wieder. Und ja, tatsächlich ist der Markt voll von Coaching-Angeboten. Das Problem: »Coach« ist keine geschützte Berufsbezeichnung. Du dürftest noch heute eine Website aufsetzen und als Coach Beratungen anbieten. Genau das tun leider viele Menschen. Deshalb ist es wichtig, die

»schwarzen Schafe« der Branche zu identifizieren, damit du nicht viel Geld bezahlst, ohne eine echte Gegenleistung zu erhalten. Bevor du ein Coaching buchst, solltest du auf folgende Warnsignale achten, um unseriöse Angebote zu erkennen:

- Es gibt kein unverbindliches Vorgespräch, in dem du einen Eindruck vom Angebot und vom Team bekommen kannst.
- Der Coach macht übermäßige Heilsversprechen auf der Website oder im Vorgespräch. (»Du wirst nie wieder unglücklich sein!«)
- Du wirst im Vorgespräch unter Druck gesetzt oder dir wird ein schlechtes Gewissen gemacht, weil du womöglich nicht die finanziellen Mittel für das Coaching aufbringen magst oder kannst.
- Du findest im Internet kaum glaubwürdige oder viele negative Referenzen beziehungsweise Bewertungen zur Arbeit des Coaches.
- Im Vorgespräch werden nicht alle deine Antworten transparent beantwortet (zum Beispiel Kosten, Inhalte, Abläufe).
- Der Coach ist weltanschaulich nicht neutral, sondern steht einer Sekte nah.

Wenn einer dieser Punkte zutrifft, sollten alle Alarmglocken angehen – suche lieber weiter!

Ein guter Coach erfüllt folgende Verhaltensmerkmale:

- **Fachkenntnis:** Der Coach hat das notwendige Wissen, um den Coachees und Klienten die passenden Werkzeuge und Strategien an die Hand zu geben – und diese gemeinsam mit ihnen umzusetzen.
- **Professionelles Arbeiten:** Der Coach arbeitet strukturiert und ergebnisorientiert, um die Klienten zum Erfolg zu begleiten.

- **Vertrauensvolles Verhältnis:** Der Coach kreiert einen sicheren Raum, der von Vertrauen, Verschwiegenheit und Loyalität geprägt ist.
- **Individuelle Lösungsansätze:** Der Coach hört dir zu, versteht dich und stellt sich situativ auf dich ein. So kann er dich dabei unterstützen, für dich geeignete Lösungsstrategien zu entwickeln.
- **Erfahrung:** Der Coach schöpft nicht nur aus seiner Ausbildung. Er bringt auch eine große Lebens- und Coaching-Erfahrung mit. Trau dich, den Coach nach seinem Leben und seinem beruflichen Weg zu fragen, um ein Gefühl dafür zu bekommen, woraus er seine Lehren schöpft.
- **Lässt Raum:** Der Coach lässt Raum und hält sich selbst zurück, um Weiterentwicklung und Wachstum der Klienten zu fördern.
- **Klares Konzept:** Es gibt eine Struktur. Beispielsweise stellt der Coach ein Arbeitsbuch oder vergleichbare Materialien zur Verfügung und »besteht« auf regelmäßige Sitzungen.

Treffen all diese Punkte zu? Super! Dann ist die Wahrscheinlichkeit sehr hoch, dass du vom Coaching profitieren wirst.

Übrigens: Die meisten Coaches haben einen Schwerpunkt. Es gibt Business-, Beziehungs- oder Life-Coaches. Je nach Problemstellung oder Anliegen ist es sinnvoll, dass du dir einen spezialisierten Coach suchst, der in seinem Bereich viel Erfahrung hat, und Alleskönner eher meidest.

Last, but not least: Dein Bauchgefühl muss stimmen. Selbst wenn alle Eckdaten passen, kann es sein, dass du mit einem Coach einfach nicht auf einer Wellenlänge bist. Das passiert! Bei einem Coaching soll ein Vertrauensverhältnis entstehen, in dem du offen sprechen und die Gedankenanstöße und Tools des Coaches annehmen kannst. Wenn das nicht der Fall ist und du dich unwohl fühlst oder misstrauisch bist, wird das Coaching keine Früchte tragen. Kostenlose Erstgespräche oder Kennenlernangebote sind deshalb wichtig. Dabei kannst du deine offenen Fragen klären, das Verhalten des Coaches einordnen und dein eigenes Gefühl überprüfen.

Wenn das Bauchgefühl stimmt, der Coach seriös ist, du außerdem noch positive Rezensionen und Testimonials findest – na, dann kann es losgehen! Glaub mir, du wirst es nicht bereuen. Ich habe meine ersten Coaching-Erfahrungen als Offenbarung erlebt. Inzwischen fühle ich mich sehr viel mehr mit mir selbst verbunden und führe ein erfüllteres, zufriedeneres Leben. Das kannst du auch!

5.
Wie du *ein erfülltes Leben* führst

Aus meinen zahlreichen Coaching-Erfahrungen, sowohl als Coachee als auch als Coach, habe ich viele Erkenntnisse mitgenommen, die auch dir helfen können. Tatsächlich gibt es einige allgemeingültige Regeln, die mir und anderen stets geholfen haben und mit Sicherheit auch dein Leben positiv beeinflussen werden.

Liebe dich und der Rest folgt: *6 Regeln* für ein erfülltes Leben

Wir alle wollen Erfüllung im Leben spüren. Diese sechs Regeln können dir dabei helfen:

1. Lebe authentisch

Weder deine Eltern noch deine Chefin oder dein Partner bestimmen darüber, wer du bist und welche Werte du vertrittst. Das entscheidest du allein. Sei du selbst und finde heraus, welche Überzeugungen wirklich aus deinem wahren Selbst entspringen und welche dir von außen übergestülpt wurden. Letztere darfst du abstreifen wie einen kratzigen Pullover. Was für eine Wohltat!

2. Nimm dich an, so wie du bist

Liebe dich und der Rest folgt! Selbstliebe ist *das* Tool schlechthin, um Erfolg zu haben. Denn das, was du aussendest, kommt zu dir, sagt das Gesetz der Anziehung. Und es stimmt. Nur wenn du eine gesunde Beziehung mit dir selbst führst, wirst du auch gesunde Beziehungen im Außen finden.

3. Übernimm Verantwortung

Wenn du mit dem Finger auf andere zeigst, zeigen mindestens drei Finger auf dich zurück. Nicht andere, sondern du bist verantwortlich für dein Leben, deine Handlungen und sogar für das, was dir passiert. Denn wenn du mit dir im Einklang lebst, wird sich dein Umfeld und dein Außen automatisch so verändern, dass es zu dir passt.

4. Große Veränderungen passieren in kleinen Handlungen

Schreib die Mail. Such das Gespräch. Ruf an. Du haderst vielleicht, doch eigentlich sind es nur ein paar Minuten, die deinem Leben eine neue Richtung geben können. Und: Sei stolz auf die kleinen Taten! Geh einen Schritt und feiere dich erst mal dafür. Erst danach gehst du den nächsten Schritt. Manchmal sind es genau diese wenigen Minuten und kleinen Handlungen, die dich weiterbringen.

5. Trau dich

Du hast sicherlich schon oft davon gehört, dass du deine Komfortzone verlassen sollst. Das stimmt tatsächlich. Denn wenn du keine Risiken eingehst, kommst du nicht weiter. Du darfst Angst haben – tu es trotzdem. Stell dir vor, dass du eine ganze Gruppe von Menschen, die dir wichtig sind, hinter dir stehen hast, die dich anfeuern, dir Mut machen und ständig »Du machst das super!« rufen.

6. Du brauchst nicht die Erlaubnis anderer

Jemand hat gesagt, dass deine Pläne noch nicht ausgereift sind? Okay, das ist *eine* Meinung von vielen. Viel wichtiger: Was denkst du? *Dein* Urteil und *deine* Ansichten sind wichtig. Mach dich nicht abhängig, sondern handle nach deinen eigenen Überzeugungen.

Vielleicht liest du das gerade und denkst mit rollenden Augen:

Ja genau, Chris. Einfach diese sechs Regeln befolgen und alles wird gut. Hast du eigentlich eine Ahnung, wie mein Leben gerade aussieht?

Ich kenne dieses Gefühl, dass alles schwer und aussichtslos erscheint. 2013, als ich in der Unternehmensberatung unglücklich war und sich dann auch noch meine Freundin von mir trennte, habe ich zeitweise den Glauben an das Leben verloren. Wenn ich gute Ratschläge, Tipps oder Lebensweisheiten bekommen habe, sahen meine Gedanken in etwa so aus:

Liebe ist Bullshit. Mehr Zufriedenheit im Leben? Ich wäre froh, überhaupt mal wieder schlafen zu können. Mutig sein? Ich finde es schon mutig, morgens aufzustehen, so wie mein Leben gerade aussieht.

Sechs Regeln für ein erfülltes Leben wirken in solchen Momenten eher überfordernd als motivierend, ich weiß.

Doch genau jetzt heißt es: durchhalten. Ich habe trotz Erschöpfung und drohender Hoffnungslosigkeit weitergemacht, mich meinen eigenen Schatten gestellt, bin durchs Feuer gegangen. Und eines kann ich dir versprechen: Es brennt, aber es wird besser. Du wirst heilen und die Beziehung zu dir selbst stärken. Es gibt nicht nur die Dunkelheit, auch wenn du gerade nichts anderes sehen kannst. Wenn du erkennst, dass diese dunklen Momente zum Leben dazugehören, kannst du einen Weg hinaus ins Licht finden. Es wird hell, frei und lebendig, wenn du dich durchbeißt. Ehrlich!

Du bist in deiner Dunkelheit nicht allein. Ich war dort. Viele andere waren und sind dort. Die allermeisten Menschen gehen irgendwann in ihrem Leben durch solche Phasen. Doch wenn du dich selbst nicht verlierst und dich genau in diesen Momenten für den bewussten Weg entscheidest, kannst du dein Leben freier und zufriedener denn je weiterleben. Hier kannst du entscheidende Weichen stellen!

In einem Coaching, das ich besucht habe, hat mir mein Coach die Geschichte von den zwei Wölfen erzählt:

Es war einmal ein alter, weiser Häuptling, der mit seinem Enkelsohn am Lagerfeuer saß. Beide schauten ins flackernde Feuer, das knackte und knisterte.

»Das Feuer und die Dunkelheit«, sagte der Häuptling, »sind wie die zwei Wölfe, die in uns wohnen.«

Der Enkel schaute ihn von der Seite an. »Zwei Wölfe? Was meinst du damit?«

»Jeder von uns trägt zwei Wölfe in sich. Einen bösen Wolf, er steht für Angst, Ärger, Neid, Gier, Lügen, Hass, Vorurteile, Arroganz, Schuld und Sorgen. Der gute Wolf verkörpert Liebe, Vertrauen, Verständnis, Mitgefühl, Hoffnung, Vergebung, Freundlichkeit, Wahrheit, Dankbarkeit und Freude. Die Wölfe kämpfen miteinander, jeden Tag, immer wieder.«

Sein Enkelsohn schaute eine Weile in die Flammen und dachte nach. »Welcher Wolf gewinnt?«, fragte er schließlich.

Sein Großvater sah ihn lange an und antwortete: »Der, den du am häufigsten fütterst.«

Welchen Wolf willst du füttern? Willst du in deiner Hoffnungslosigkeit und deiner Wut bleiben? Oder möchtest du diese Phase hinter dir lassen und dem guten Wolf wieder etwas zu fressen geben, damit er die Oberhand gewinnt?

Du kannst all den Herausforderungen, die noch kommen, selbstsicher und mit einem Lächeln entgegentreten. Du musst dich nicht durchquälen, sondern du darfst dein Leben *spielen*, von einem Level ins nächste springen. Wenn du Unsicherheit spürst, kannst du auf unterschiedliche Weise reagieren: Du kannst dich von deinen Sorgen, Ängsten und Zweifeln leiten lassen, oder du transformierst diese Energie der Angst in etwas Positives und fragst dich: *Und was, wenn es gut wird?* Gib dir die Erlaubnis, zu leben. Füttere den guten Wolf in dir. Es lohnt sich.

Kreiere die *Basis in dir*

Wenn du gerade in einer Krisensituation steckst, willst du wahrscheinlich so schnell wie möglich alles ändern. Du willst sofort aktiv werden, dein Drama lösen, den Alles-wieder-gut-Zustand wiederherstellen. Ich habe einen anderen Vorschlag, der dir wahrscheinlich nicht so gut gefällt, der aber sinnvoller ist: Lass es langsam angehen und nimm diese Situation so an, wie sie ist! Hör auf, gegen den Istzustand zu kämpfen. Bremse dich. Du musst nicht alles verstehen und richtig machen. Bring erst mal Ruhe in dein Inneres. Geh spazieren und schau in den Himmel. Vielleicht siehst du Wolken und weißt, dass die Sonne dahinter trotzdem scheint. Du kannst das Wetter nicht ändern, wirst immer wieder Regentage, Wolken und Stürme erleben. Genauso ist es mit deinem Leben. Du kannst die stürmischen Zeiten nicht verhindern, wirst immer wieder Zweifel und Ängste spüren. Doch du musst dich deshalb nicht verkriechen. Du darfst auch bei schlechtem Wetter rausgehen und im Regen tanzen.

Atme. Ein und aus.
Nimm den Druck raus.
Komm zur Ruhe.
Du musst nicht performen.

Tut gut, oder?

Selbstfindung ist kein Job, bei dem du Zielvorgaben von außen erfüllen musst, kein Wettrennen zum Glück. Es ist eine Reise zu dir selbst. Und diese beginnt damit, die Energie raus aus dem Kopf und rein ins Herz zu lenken. Lass die Gedanken Gedanken sein und steck deine Energie ins Fühlen.

Eine gute Übung: allein sein! Versuche, regelmäßig offline und allein mit dir selbst zu sein. Kein Smartphone, kein Netflix, kein PC, keine Podcasts, keine anderen Menschen. Nur du mit dir. Heutzutage haben wir das fast verlernt. Ich beobachte das immer wieder bei anderen und auch bei mir selbst: Jede zeitliche Lücke wird mit einem Blick aufs Smartphone gefüllt, beim Aufräumen oder Bahnfahren hören wir Podcasts, beim Einschlafen Hörspiele, im Wartezimmer lesen wir Nachrichten, in der Mittagspause antworten wir auf Messages von Freunden. Versuche, zeitliche Räume zu kreieren, in denen du all das weglässt. Nimm dich wahr. Zelebriere diese Momente. Wenn du mit dir selbst in Beziehung trittst, spürst du keine Einsamkeit, sondern Fülle. Dabei geht es im ersten Schritt nicht darum, sofort alles zu transformieren und intensiv an dir zu arbeiten. Das kommt später. Es geht erst mal nur darum, zu sein. Und zu spüren:

Alles in mir darf jetzt da sein, alles ist in mir. Ich habe das Problem und auch die Lösung in mir.

Ich erinnere mich gut an einen der ersten Abende, an dem ich allein ins Restaurant gegangen bin. Anfangs beobachtete ich die Reaktionen der anderen Leute. Bestimmt fanden sie mich bemitleidenswert, dachte ich. Ein Mann, der allein im Restaurant sitzt und niemanden zum Reden hat. Ziemlich armselig, oder? Doch ehrlich gesagt schaute kaum jemand zu mir. Alle waren mit sich selbst, ihrem Essen und ihren Gesprächen beschäftigt. Manchmal überschätzen wir unsere Außenwirkung. Jeder hat genug mit sich selbst zu tun. Selbst wenn fremde Menschen ein merkwürdiges Verhalten an den Tag legen, runzeln wir vielleicht kurz die Stirn – und vergessen dann schnell wieder, was war, weil wir unserer eigenen Agenda nachgehen. Das geht nicht nur dir und mir, sondern allen so. Kurz gesagt: Dass ich allein im Restaurant saß, war den anderen herzlich egal. Als ich das verstand, fühlte ich mich viel befreiter. Ich bestellte meine Lieblingspasta und genoss die Atmosphäre. Auf den Tischen flackerten Kerzen, die Luft war erfüllt von Gesprächen, Lachen, leiser Musik und entspannter Stimmung. Eine Melodie der Zufriedenheit. Ich betrachtete die Schwarz-Weiß-Fotografien an den Wänden, auf denen Alltagsszenen aus Italien zu sehen waren: Menschen, die lächelten oder weinten, die aßen, aus dem Fenster schauten oder auf der Straße entlangliefen, die zusammen oder allein waren. Das Leben.

Als mir meine Pasta gebracht wurde, nahm ich alles viel intensiver wahr als sonst. Das kurze Quietschen der Gabel auf dem Teller. Die würzig abgeschmeckte Sauce, das aromatische Gemüse, die perfekt gegarten Nudeln. Ich schloss die Augen, kaute Bissen für Bissen. Selten hatte mir ein Essen so gut geschmeckt. In diesem Moment dachte ich nicht nach, sondern kam einfach nur zur Ruhe und bei mir an. Ich ließ mich nicht ablenken. Ich schrieb nichts auf. Ich atmete, aß, trank und spürte eine große Dankbarkeit für mein Leben.

Wie geht es dir *wirklich?*

Von diesem langsamen, achtsamen und gelassenen Fühlen aus kannst du dann zur Selbstbeobachtung übergehen.

Wie geht es dir? Auf diese Frage hast du sicherlich eine Antwort. Vielleicht bist du wütend, verärgert oder gestresst, vielleicht erkennst du auch viele Ambivalenzen und hast Chaos im Kopf. Einige von uns haben mit den Jahren verlernt, Gefühle wahrhaftig zu fühlen und einzuordnen.

Deshalb ist es erst mal wichtig zu wissen, dass bei Emotionen zwei Ebenen existieren: die Primär- und die Sekundäremotionen.[7]

Primäremotionen: Die »echte« Reaktion

Primäremotionen – Angst, Wut, Trauer, Freude und Neugier/Lust – kannst du nicht verhindern. Sie entstehen in jenen Bereichen des Gehirns, in denen das Unbewusste liegt. Vielleicht erinnerst du dich an den Eisberg. Auch hier kommt dieses Bild wieder ins Spiel: Unsere Primäremotionen liegen unter der Wasseroberfläche, also außerhalb unseres Einflussbereiches. Sie entstehen sowieso, egal, wie sehr du versuchst, dich zu zügeln.

Die Primäremotionen sind frei von Bewertungen. Sie werden meist durch Einflüsse von außen aktiviert und lösen eine spontane Reaktion aus, die psychisch oder physisch wahrnehmbar sein kann. Diese Emotionen sind in uns allen verankert und ein wichtiger Überlebensmechanismus unseres Gehirns. Bestimmt hast du im Zusammenhang mit dem Thema Stress schon mal vom *Fight, Flight or Freeze*-Modus gehört: Wenn Gefahr droht, rennen wir weg, kämpfen oder erstarren. Mit einer ruhigen, rationalen Entscheidung hat solch ein Impuls wenig zu tun, vor allem, wenn er nicht von einem lebensgefährlichen Säbelzahntiger, sondern von einer langen To-do-Liste, einem kritischen Blick oder einem fiesen Social-Media-Kommentar ausgelöst wird. Verhindern können wir diese Reaktion nicht, sie ist die gleiche wie beim Säbelzahntiger.

Du unterscheidest dich im Hinblick auf die Primäremotionen nicht von anderen Menschen. Die kennen wir alle. Die Auslöser dieser Emotionen können allerdings sehr unterschiedlich sein. Was dich auf die Palme bringt, juckt deine beste Freundin vielleicht überhaupt nicht. Was mich zu Tränen rührt, geht anderen Menschen nicht so nah. Unsere Prägungen, Erfahrungen und unsere Sozialisation entscheiden darüber, welche Emotionen wie stark sind und wovon sie getriggert werden.

Genau diese Primäremotionen verraten uns viel über uns selbst, weil sie zeigen, welche Momente uns wirklich bewegen. Doch wir kommen gar nicht so einfach an die Primäremotionen ran. Manchmal nehmen wir zwar eine Emotion wahr, doch diese ist eigentlich eine Sekundäremotion.

Sekundäremotionen: Die »gelernte« Reaktion

Als kleines Kind lernst du, dass ein Wutanfall, bei dem du dich auf den Boden schmeißt und mit den Fäusten trommelst, keine angemessene Reaktion darauf ist, kein Schokocroissant zu bekommen. Du lernst auch, deine Neugier nicht überzustrapazieren, weil deine Eltern dich immer wieder ermahnen, vorsichtig zu sein. Stück für Stück übst du auf diese Weise, deine Primäremotionen unter Kontrolle zu halten und/oder zu unterdrücken. Eine gewisse Regulierung ist sicherlich sinnvoll. Es wäre ebenso merkwürdig wie anstrengend, wenn Erwachsene in der Bäckerei schreiend vor Wut auf den Boden trommeln würden, weil die Schokocroissants ausverkauft sind. Und es wurden sicherlich schon viele Knochenbrüche oder Schlimmeres verhindert, indem Eltern Kinder auf Bäumen ermahnten, nicht noch höher zu klettern. Sekundäremotionen sind Schutzmechanismen, sie sind rationaler und kontrollierter als Primäremotionen. Manchmal sind sie sinnvoll – manchmal nicht. Denn es geht meist nicht darum, einen Sturz zu verhindern, sondern sich den gesellschaftlichen Konventionen anzupassen.

Je häufiger und je mehr du deine Primäremotionen unterdrückst und durch Sekundäremotionen überlagerst, desto mehr entfremdest du dich von dir selbst. Du erstickst deine gesunde Neugier in übertriebener Vorsicht und Rückzug. Du unterdrückst deine Wut oder Traurigkeit, die vielleicht einen guten Grund haben, mit einem tapferen Lächeln. Und auf diese Weise unterdrückst du auch deine wahren Bedürfnisse. Denn jede Emotion ist ein Hinweis auf ein Bedürfnis. Wenn du diese ignorierst, verlierst du den Kontakt zu dir selbst und verlernst, deine Bedürfnisse wahrzunehmen.

Wenn du deine Primäremotionen zu sehr unterdrückst, entstehen manchmal auch völlig überzogene Sekundäremotionen. Wer hat nicht schon mal Hass- und Schimpftiraden losgelassen, weil ein anderer Autofahrer die Vorfahrtsregel missachtet hat? War es wirklich so schlimm, kurz zu bremsen? Oder kamen da vielleicht Emotionen hoch, die an anderer Stelle kein Ventil gefunden haben?

Sekundäremotionen entsprechen dem sichtbaren Teil des Eisbergs. Sie sind unsere von außen wahrnehmbaren Reaktionen. Und diese entsprechen nicht immer dem, was wirklich tief in uns drin los ist.

Ein anderes Beispiel: Du bist frisch getrennt.

Deine Primäremotion: Du fühlst dich einsam und allein. Du bräuchtest eigentlich jemanden, die oder der dich in den Arm nimmt und tröstet. Du sehnst dich nach Verbindung und Nähe.

Deine Sekundäremotion: Du denkst, dass dein Privatleben im Büro niemanden etwas angeht, und hast gelernt, stark zu bleiben.

Deine Traurigkeit überspielst du mit Arbeitseifer. Als eine Kleinigkeit nicht so läuft, wie du es dir wünschst, wirst du sauer und ärgerst dich lautstark – deine Reaktion ist überzogen. Deine Kollegen ziehen die Augenbrauen hoch und gehen auf Abstand.

Das Ergebnis: Dein Umfeld distanziert sich von dir, du wirst noch trauriger und verspürst Einsamkeit.

Wenn du in diesem Teufelskreis der unterdrückten Bedürfnisse und überlagerten Primäremotionen feststeckst, kann dieser schlimmstenfalls so weit führen, dass du krank wirst und eine Depression entwickelst, weil du deine natürlichen Impulse wie beispielsweise Wut oder Trauer wegdrückst. Bei der Selbstbeobachtung ist es deshalb wichtig, nicht nur auf die Oberfläche zu schauen. Es hilft, deinen Körper zu beobachten: Wird dein Hals ganz eng? Platzt dir fast der sprichwörtliche Kragen? der sprichwörtliche Kragen platzt? Ist dein Herz schwer vor Traurigkeit? Hast du Herzrasen vor Angst? Du kommst dir über die körperlichen Empfindungen näher, denn diese werden unbewusst gesteuert und sind ein Hinweis auf deine Primäremotionen.

Das Rad der Emotionen

Sich der eigenen Emotionen bewusst zu sein, hilft nicht nur dabei, dem wahren Selbst auf die Schliche zu kommen, sondern auch Intimität mit anderen Menschen aufzubauen. Denn wenn du dich anderen öffnest und ehrlich über deine Gefühle sprichst, dann erzeugst du Nähe. Ja, du machst dich auch verletzlich, doch diesen Preis musst du zahlen, um wahrhaftige Verbindungen herzustellen. Du erlaubst anderen, einen Blick in dein Inneres zu werfen. Das ist ein riesiges Geschenk. Doch selbst wenn du bereit bist, dich zu öffnen, fällt es gar nicht so leicht, das eigene Gefühlsleben in Worte zu fassen. Zum einen, weil die Primär- und Sekundäremotionen nicht immer trennscharf wahrnehmbar sind. Zum anderen, weil uns oft schlichtweg die Worte fehlen. Viele Menschen haben nicht gelernt, die ganze Klaviatur an Emotionen zu erspüren und zu benennen. Wenn ich Menschen in meinen Coachings frage, wie es ihnen geht, ernte ich meistens zwei Antworten: »gut« oder »nicht so gut«. Ich sag mal so: Da ist noch Luft nach oben. Wenn wir es schaffen, unsere Emotionen genauer zu analysieren, verstehen wir uns selbst viel besser. Das Rad der Emotionen hilft dabei, »gut« und »nicht so gut« auszudifferenzieren. Mein Tipp: Setz dich abends hin, schreib Tagebuch und versuche anhand des Rads der Emotionen genau zu ermitteln, wie es dir in unterschiedlichen Situationen ging.

Wenn du das Vokabular der Emotionen besser beherrschst, kannst du auch deinem Umfeld viel verständlicher erklären, was bei dir los ist. Stell dir vor, deine Freundin fragt dich abends auf der Couch, wie dein Tag war.

»Nicht so gut. Ziemlich stressig.« Was wird sie daraus über dich lernen? Wenig bis gar nichts. Denn diese Aussage könnte alles bedeuten. Schlimmstenfalls interpretiert sie selbst Dinge hinein, die nicht stimmen. Wenn du aber eine konkrete Situation und die dazugehörigen Emotionen beschreibst, wird deine Gefühlslage sehr viel nachvollziehbarer.

»Ich hatte heute einen anstrengenden Tag. Morgens hat mir meine Chefin viele To-dos aufgeladen, dabei wollte ich mich doch eigentlich auf die Präsentation am Nachmittag vorbereiten. Ich war ziemlich besorgt, ob ich alles schaffen würde. Und ehrlich gesagt mag ich diese Onlinepräsentationen sowieso nicht. Ich fühle mich von den anderen immer abgelehnt, wenn keiner in die Kamera guckt und ich jemanden dabei beobachte, wie er nebenbei Mails schreibt. Na ja, ich habe es ganz selbstbewusst durchgezogen, immerhin. Am Ende der Präsentation war ich stolz auf mich. Als die Anspannung abfiel, wur-

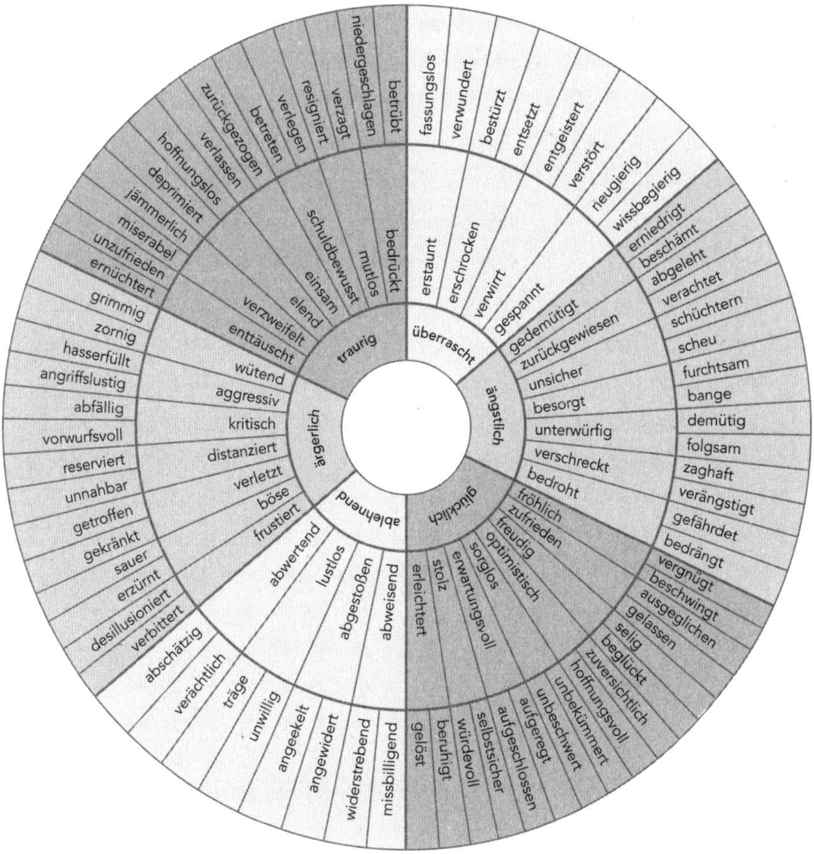

Das Rad der Emotionen hilft dir dabei, dein emotionales Vokabular aufzubauen und zu verbessern.

de ich aber ziemlich träge. Die anderen To-dos mussten trotzdem noch erledigt werden. Also habe ich mich durchgebissen, bin eine Stunde länger geblieben und habe jetzt ehrlich gesagt keine Lust mehr, noch irgendetwas zu unternehmen. Ich bin müde und brauche ein bisschen Ruhe und Zerstreuung. Vielleicht können wir einen Film schauen?«

Wetten, dass diese Schilderung sehr viel mehr Nähe und Intimität herstellt? Mit deinem Gegenüber, aber auch mit dir selbst. Denn die eigenen Gefühle Revue passieren zu lassen, hilft dabei zu spüren, welche Situationen wirklich anstrengend waren und an welchem Punkt dich vielleicht noch negative Glaubenssätze blockieren. Du hast Selbstmitgefühl und schaffst somit eine Verbindung zu deinem wahren Selbst.

Zukünftig wirst du die Frage, wie es dir wirklich geht, möglicherweise nicht mehr ganz so spontan beantworten können und einen Moment länger nachdenken. Das ist gut! Denn das ist ein Zeichen dafür, dass du genauer hinhörst als je zuvor und dich Stück für Stück mehr mit deinem HEARTset verbindest.

Gefühle als Besucher: *Du bist nicht deine Emotion*

Es ist also wichtig, Gefühle wahrzunehmen, zu benennen und einordnen zu können, um so sich selbst besser kennenzulernen und dem wahren Selbst näherzukommen.

Das heißt aber nicht, dass du dich von deinen Gefühlen überwältigen lassen solltest. Mach dir immer wieder bewusst, dass Gefühle Besucher sind, die kommen und gehen.

Gefühle werden durch unsere tief liegenden Verhaltens- und Denkmuster ausgelöst. Diese Muster haben uns in der Vergangenheit geschützt – beispielsweise neigen manche von uns dazu, zu oft Ja zu sagen, um vor unangenehmen Auseinandersetzungen zu flüchten und so den eigenen Schatten auszuweichen. Schutzmechanismen sind starke Impulse, und durch tief eingeprägte Erfahrungen wiederholen sich unsere Reaktionen immer und immer wieder.

Der Kollege bittet um einen Gefallen? Natürlich sagst du Ja, um ihn nicht zu verärgern, obwohl du selbst genug zu tun hast.

Deine Mutter ist enttäuscht von dir? Du fühlst dich wie der schlimmste Mensch auf der ganzen Welt.

Diese starken Gefühle brennen sich in dein Unterbewusstsein ein – auch zukünftig wirst du auf ähnliche Situationen immer wieder so reagieren, wenn du es nicht schaffst, einen Schritt zurückzugehen.

Es geht nicht darum, deine Gefühle zu ignorieren. Das wäre falsch, denn in jedem Gefühl stecken eine Botschaft und ein wichtiger Kern. Wenn du Gefühle ignorierst oder überspielst, übersiehst du Hinweise und Botschaften, die dir wichtige Informationen über deine Bedürfnisse, Muster und dein wahres Selbst geben. Jede Emotion ist es wert, gehört zu werden. Unterdrückung ist demnach nicht der richtige Weg.

Das Geheimnis lautet: Nimm die bewusste Beobachter-Position ein! Du lässt dich nicht von den Gefühlen überwältigen, sondern lernst, sie bewusst und beobachtend wahrzunehmen. Du wirst weiterhin wütend und verärgert und genervt sein. Doch wenn du es schaffst, in dem Moment nur zu *denken*: »Aha, ich fühle gerade Wut«, nimmst du eine beobachtende Haltung ein und übernimmst Verantwortung für dich und deine Reaktion. Du gehst kurz von innen nach außen und gewinnst Abstand von deinem Gefühl. Du *bist* nicht wütend, sondern du *fühlst* gerade Wut.

So kannst du entscheiden, was du mit diesem Gefühl machst. Woher kommt es? Was steckt dahinter? Welche unbewussten Muster haben dazu geführt, dass du so intensiv fühlst? Und: Willst du es ausleben? Ist die andere Person verantwortlich für deine Wut oder liegt das Problem in deiner Vergangenheit?

Die Bewertung von Gefühlen entsteht erst im Kopf. Es gibt keine guten und schlechten Gefühle. Alle haben ihre Berechtigung. Du darfst sie willkommen heißen, dankbar für sie sein und sie wieder ziehen lassen. Die Neurologin Jill B. Taylor sagt,[8] dass die meisten unserer Empfindungen nach 90 Sekunden durch alle Bahnen geflossen sind und von allein wieder abklingen, wenn wir entscheiden, uns nicht davon mitreißen zu lassen. Spätestens nach diesen 90 Sekunden können wir dann eine bewusste Haltung einnehmen. Soll heißen: Wenn du spürst, wie die Wut in dir hochkriecht, atme ruhig weiter, zähle bis 90 und handle erst dann. Das schont deine Energieressourcen, schützt dich vor unnötigen Ausrastern und ermöglicht es dir, kurzfristige Impulse von tiefgreifenden, wichtigen Gefühlen zu unterscheiden. Nach diesen 90 Sekunden kannst du immer noch entscheiden, wie du nach außen hin reagierst. Jedes Gefühl bekommt Raum in dir – doch nicht jedes Gefühl muss ausgelebt werden.

Mit dieser bewussten Haltung übernimmst du Verantwortung. Du setzt dich wieder ans Steuer und navigierst sicher durch dein Gefühlsleben, statt dich von ihm bestimmen zu lassen.

Das Ergebnis: Du bleibst ruhiger, gelassener und spürst wieder die Energie der Selbstwirksamkeit in dir. Durch ein bewusstes Wahrnehmen und Hinterfragen deiner Gefühle kannst du es schaffen, deine Power zu zentrieren und bei dir zu bleiben. In dem Wort »Selbstbewusstsein« steckt genau diese Kraft: Du bist dir deiner selbst bewusst. Selbst-bewusst-sein.

Das ist die Basis, um einen Unterschied zu deiner Vergangenheit zu machen und deine Zukunft aktiv zu gestalten. Nur wenn du deine Emotionen beobachtend und bewusst wahrnimmst, kannst du es schaffen, Entscheidungen zu treffen, die sich von deinen bisherigen unterscheiden, weil sie auch mal deinen spontanen Gefühlen widersprechen. Setz dich ans Steuer und entscheide, in welche Richtung es weitergeht. Es ist dein Leben.

6.
Warum du dem *Herzensweg folgst*, wenn du endlich loslässt

Ich habe in den vorangegangenen Kapiteln immer wieder vom Loslassen gesprochen. Wieso ist das so wichtig? Wieso brauchen wir einen »Prozess des Loslassens« und können nicht einfach ignorieren, was war, und nach vorne schauen?

Dazu hole ich ein wenig aus. In meinem Leben habe ich vor allem hinsichtlich meiner Liebesbeziehungen immer wieder gehadert. Ich konnte die Vergangenheit nicht loslassen, habe nach einer Trennung immer wieder versucht, die Frau zurückzuerobern und die Beziehung zu retten. Auch wenn nichts mehr zu retten war. Erst sehr spät verstand ich, dass das, was ich gelebt habe, keine Liebe war. Denn Liebe bedeutet, Raum zu geben, Freiheit zu spüren und manchmal auch loszulassen. Ich habe in meinen Liebesbeziehungen nicht in Liebe, sondern in Abhängigkeit gelebt. In Wenn-dann-Mustern, in dem Gefühl, nur wertvoll zu sein, wenn die Beziehung läuft. Und auch in der Beziehung zu mir selbst stand nicht die Liebe im Vordergrund, sondern Pflichterfüllung und das Gieren nach Anerkennung. Diese Verhaltensmuster habe ich in jeder Beziehung wiederholt und bin stets gescheitert. Kein Wunder. Ich hatte ein Thema in mir, das ich nie erkannt und losgelassen habe. Es geht also nicht nur um die konkrete Situation oder Person, die du loslässt, sondern um das dahinterliegende Muster. Du kennst sicherlich den Tigerkopf bei *Dinner for One*, über den der Butler James immer wieder stolpert. So ähnlich war es mit meinen Gedankenmustern. Ich bin immer wieder an der gleichen Stelle ins Straucheln gekommen und habe den Teppich nie weggeräumt.

Als ich mich dann auf Bali trennte – du erinnerst dich, es war die erste Trennung, die sich nicht wie ein Weltuntergang anfühlte –, sprach ich mit einem Schamanen über das Loslassen. Neben seinem wundervollen Satz »Du darfst den schönen Sinn darin sehen«, den ich bereits erwähnt habe, schenkte er mir auch die Metapher eines Gefäßes: »Sieh die Liebe als Gefäß, vielleicht eine Schale oder ein Fass«, sagte er. »Wenn du Liebe empfangen willst, musst du dein Gefäß leeren, um Platz für Neues zu schaffen. Nur aus der Leere entsteht Fülle. Loslassen ist Anziehung.«

Seine Worte hallten noch lange bei mir nach. Ich weiß noch, wie ich nach der Trennung, zurück in Deutschland, spazieren ging. Es war ein schöner Herbsttag und die tief stehende Sonne zauberte eine magische Stimmung aus goldenem Licht in den Park, in dem ich unterwegs war. Unter meinen Schuhen knisterte trockenes Laub. Ich schaute nach oben und blinzelte in die Sonne. Der Baum über mir hatte kaum noch Blätter an den Zweigen. Prompt segelte eines direkt vor meinem Gesicht auf den Boden.

»Nur aus der Leere entsteht Fülle«, hörte ich die Stimme des Schamanen in meinem Kopf. Ich ging langsam weiter. Die Natur funktioniert genau nach diesem Prinzip. Im Herbst fallen die Blätter von den Bäumen, die Blumen verblühen, viele Pflanzen werden kahl, wirken trost- und leblos. Doch wenn der Frühling einige Monate später kommt, beginnt der Kreislauf des Lebens wieder von vorn. Aus der Leere entsteht neues Leben. Erst durch das Loslassen von Altem kann wieder etwas Neues erwachsen.

Während ich nachdachte und weiterspazierte, sank die Sonne immer tiefer. Tag und Nacht. Nach der Dunkelheit folgt immer wieder das Licht.

Ich dachte auch an einen Kumpel, der mir erzählte, dass er gefühlte fünf Kilogramm Quittungen, Kassenbons und Retouren-Bescheinigungen aus seinem Geldbeutel entsorgt habe und seitdem leichter und befreiter durchs Leben gehe – nicht nur im wörtlichen Sinne, sondern auch psychisch. »Merkwürdig, dass diese alten Zettel offensichtlich nicht nur meine Taschen, sondern auch meinen Kopf zugemüllt haben«, sagte er und fügte lachend hinzu: »Als Nächstes miste ich mein Büro aus, dann den Kleiderschrank, dann den Keller. Wer weiß, was dann für ein kreatives Potenzial in mir schlummert!«

Er spürte, wie gut es ihm tat, loszulassen. Je mehr er wegschmiss und ordnete, desto gelassener und motivierter wurde er. Er fühlte sich offen für Neues und hatte sogar kreativere Ideen. Denn es geht um das Sein, nicht um das Haben.

Das bedeutet nicht, dass du ständig alles wegschmeißen musst, was dir lieb und teuer ist. Das Leben ist ein Prozess. Das Gefäß füllt und leert sich. Du wirst dich immer wieder neu erfahren, wirst manche Bereiche in deinem Leben füllen, andere leeren. Das Wichtigste ist, dass du dabei auf deinem Herzensweg bleibst und nicht das tust, was andere von dir erwarten, sondern nur das, was du selbst willst. Denn wahrscheinlich geht es dir wie mir: Ich habe keine Lust, ewig auf Zufriedenheit zu warten, möchte nicht mehr jeden Moment nur beobachtend miterleben, sondern in Fülle leben.

Kürzlich hörte ich durch Zufall, wie zwei Kassiererinnen miteinander über ihren Renteneintritt sprachen.

»Und, wie lange musst du noch?«, fragte die eine.

»Noch vier Jahre.«

»Ach, du Glückliche! Ich muss noch sieben.«

Beide seufzten und wirkten niedergeschlagen.

Wie furchtbar. Da saßen die beiden, unglücklich im Job, und warteten Tag für Tag auf die Rente. Vier beziehungsweise sieben Jahre noch. Was für eine unendlich lange Zeit, wenn man unzufrieden ist.

Ich habe für mich entschieden, dass ich nicht warten will, bis Wochenende ist, bis ich in den Urlaub fahre oder bis ich in Rente gehe. Ich lebe jetzt, heute, hier. Egal, ob Montag oder Samstag ist. Egal, ob ich in einer Beziehung oder Single bin. Egal, ob ich ein Unternehmen leite oder an der Kasse sitze.

Ich will jeden einzelnen Tag das Gefühl haben, meinem eigenen Weg zu folgen. Auch wenn es mal ruckelt und schwierig wird. Wenn es zu mir gehört, ist das okay. Glück ist temporär. Erfüllung ist dauerhaft.

Ich weiß, dass nicht jeder das Privileg hat, einen Job zu haben, der abwechslungsreich, angesehen oder sinnstiftend ist. Doch ich bin der Meinung, dass es trotzdem für jeden Menschen möglich ist, zufrieden und erfüllt zu leben. Egal, ob du an der Kasse sitzt, Coach bist, im Pflegeheim arbeitest, ein Unternehmen leitest, eine Ausbildung zum Elektroniker machst oder als Auslandskorrespondent durch die Welt reist. Denn es geht nicht um deine Position oder deinen Verdienst, sondern um deine innere Einstellung und dein Gefühl zu dir selbst. Dein HEARTset ist kein »optimales Ergebnis«, sondern ein Zustand, der *dir* entspricht. Und dieser Zustand kann nur in dir wachsen, wenn du loslässt, was dich blockiert. Wenn du dein Gefäß leerst, damit Platz für Neues entsteht.

Falsche Annahmen über das Loslassen

Das Thema Loslassen löst bei vielen Menschen im ersten Moment eine Abwehrhaltung aus. Diese Reaktion kann ich gut nachvollziehen. Früher fiel es mir sogar schwer, alte, abgelatschte, löchrige Schuhe in die Mülltonne zu werfen. Jahrelang haben sie mich durch meinen Alltag begleitet – und nun sollte ich sie einfach wegwerfen? Es fühlte sich an, als würden in der Müllverbrennungsanlage nicht nur meine Schuhe, sondern mit ihnen auch all die Erlebnisse, die ich in den Schuhen hatte, in Flammen aufgehen. Das ist Unsinn. Denn alles, was wirklich wichtig war und ist, befindet sich in meinem Kopf. Alte Schuhe irgendwo im Regal verstauben zu lassen, ist unnötiger Ballast. Also schmiss ich schweren Herzens meine alten Schuhe weg, klappte den Deckel der Tonne schnell zu und hatte sie schon zehn Minuten später vergessen. Nichts änderte sich in meinem Leben. Die neuen Schuhe passten wie angegossen, die lieb gewonnenen Erinnerungen blieben in meinem Herzen.

Manchmal tut der Moment des Loslassens kurz weh. Es fühlt sich an, als reiße man ein Pflaster ab. Doch dann wird die zarte, frische Haut sichtbar – bereit für neue Abenteuer. Genauso ist es beim Loslassen. Nach dem kurzen Abschiedsschmerz fühlt es sich so viel besser an.

Ich stelle dir im Folgenden sieben typische Abwehrreaktionen zum Thema Loslassen vor und erkläre dir, wieso diese nicht zielführend sind. Dabei beziehe ich mich der Einfachheit halber auf das Thema Trennungen in Liebesbeziehungen, denn hier fällt es besonders vielen Menschen schwer, emotional loszulassen.

1. »Wenn ich loslasse, dann gebe ich der Beziehung keine Chance mehr!«

Genau dieser Gedanke hat mich früher dazu gebracht, selbst nach einer Trennung noch monatelang an der Beziehung festzuhalten. Ich war abhängig, habe mich untergeordnet, frei nach dem Motto »Ich tue alles für dich, bitte nimm mich zurück!«. Doch was ist das Ergebnis solch eines Verhaltens? Schuld und Schuldigkeit statt eines gemeinsamen Wegs, Abhängigkeiten und Vorwürfe statt Liebe und Verbindung. Die Beziehung findet nicht mehr auf Augenhöhe statt. Erst wenn du es schaffst, diese kaputte Beziehung loszulassen, kannst du den Schmerz heilen und der wahren Liebe eine Chance geben, in der du und deine Partnerin oder dein Partner jeweils euer wahres Selbst leben könnt, ohne einander zu blockieren. **Loslassen gibt der Liebe eine Chance!**

2. »Wenn ich loslasse, dann entschuldige ich doch das Verhalten des anderen!«

Vielleicht hat dich deine Partnerin oder dein Partner betrogen und belogen. Du willst diesen Fehltritt nicht einfach stehen lassen und weiterziehen, sondern du forderst eine Entschuldigung und Reue ein. Das kann man doch niemandem durchgehen lassen! Das Problem an diesem Gedanken: Du wirst keinen Frieden finden, wenn du nicht vergeben kannst. Obwohl die Beziehung vorbei ist, hat die andere Person immer noch Macht über dich und du kannst dich nicht auf etwas Neues einlassen.[9] Erst wenn du die Verletzung loslässt, kannst du friedvoll und frei leben. **Loslassen schenkt dir Ruhe und Freiheit!**

3. »Ich kann nicht loslassen, weil es so wehtut!«

Ich habe am Anfang des Kapitels schon davon gesprochen, dass es sich beim Loslassen wie bei einem Pflaster verhält: ratsch, ab. War doch gar nicht so schlimm, oder? Wenn du aber das Pflaster ganz vorsichtig Millimeter für Millimeter anhebst, wieder anklebst und ständig darüber nachdenkst, ob das Loslassen nun die richtige Entscheidung ist und wie weh es wohl tun wird, steckst du in deinem Gefühlschaos fest und hast deutlich mehr und länger Schmerzen, als wenn du dich konsequent für das Loslassen entscheidest. Zudem führt der andauernde Schmerz dazu, dass du Dinge sagst und tust, die du später bereust, weil du so verletzt bist. Bleib bei dir. Suhle dich nicht im Schmerz. Wenn du loslässt, wirst du dich glücklicher und freier fühlen. **Loslassen tut gut!**

4. »Wenn ich loslasse, verliere ich jemanden!«

Die Angst vor der Einsamkeit ist eine mächtige Instanz. Niemand von uns ist gern allein. Auch ich dachte bis vor einigen Jahren, dass ich nur mit einer Freundin an meiner Seite wirklich komplett sei. Doch das ist eine falsche Perspektive. Denn wenn die Beziehung nicht funktioniert, verlierst du vor allem dich selbst. Du steckst in einer womöglich toxischen Verbindung fest und versuchst dir einzureden, dass alles besser sei, als allein zu leben. Das ist Quatsch! Denn erstens bist du auch allein eine echte Granate, zweitens wird die echte Liebe zu dir kommen, wenn du Altes loslassen und dich wieder öffnen kannst. Loslassen hilft dir dabei, dir selbst näherzukommen – und so auch die Liebe zu leben, die dir guttut. **Wenn du loslässt, gewinnst du dich selbst!**

5. »Ich mag das Wort ›loslassen‹ einfach nicht. Ich lasse nicht gern los!«

Manchmal reicht es, eine neue Formulierung zu finden, um den Prozess des Loslassens leichter zu machen. Loslassen klingt vielleicht zu endgültig und erweckt den Eindruck, als würdest du auch all die schönen Momente vergessen wollen. Du kannst dir eine andere Formulierung überlegen, die sich besser anfühlt. Wie wäre es mit »weiterziehen«, »hinter dir lassen«, »nächster Schritt« oder … »ciao, Kakao«? **Nenn es, wie du willst!**

6. »Loslassen ist so intensiv und schmerzvoll, ich habe keine emotionalen Kapazitäten dafür!«

Deine beste Freundin hat Liebeskummer und braucht Trost. Du hast eine Kündigung erhalten. Und deine Mutter ist krank. Wo soll da bitte noch ein Prozess des Loslassens reinpassen? Das Problem: Wenn du nicht loslässt, bleibt es nicht nur hart, sondern es wird immer härter. Der Berg wird größer. Je länger du an etwas festhältst, desto schwerer fällt es loszulassen. Du blockierst dich selbst, bist nicht offen und verfällst in Grübeleien. Wenn du dich einmal bewusst dafür entscheidest loszulassen, ist der Prozess gar nicht so schwierig. Weil du dir dabei selbst näherkommst und dein HEARTset aufbaust. Netter Nebeneffekt: So kannst du auch die anderen Herausforderungen deines Lebens besser meistern. **Loslassen ist leicht, wenn du dich darauf einlässt!**

7. »Loslassen dauert viel zu lange. Ich schaffe es nicht und habe keine Zeit dafür!«

Die Redensart »Zeit heilt alle Wunden« kennen wir alle. Doch manchmal stimmt das nicht. Denn wenn wir an Altem festhalten, wird sich diese Wunde nicht schließen. Hältst du an deinen alten Beziehungsmustern fest, wiederholt sich die Geschichte, selbst wenn du in einer neuen Beziehung lebst. Ich habe bereits den Tigerkopf aus *Dinner for One* erwähnt, du erinnerst dich. Um voranzukommen, solltest du negative Muster und Glaubenssätze identifizieren und loslassen. Finde die Stolperfallen, beseitige sie. Nur so kannst du deine Ziele und Träume verwirklichen und die wahre Liebe leben. **Loslassen schenkt dir Zeit und Zukunft!**

Erfolgsgeschichten: Loslassen schafft Klarheit

In meinen Coachings habe ich zahlreiche Menschen beim Prozess des Loslassens begleiten dürfen. Drei davon möchte ich dir gern erzählen.

Elisa: Beziehungen loslassen und zur Ruhe kommen

Elisa war frisch verliebt, als sie zu mir kam. Seit etwa einem halben Jahr datete sie einen Mann, sie waren glücklich miteinander, alles geschah wie im Rausch.

»Es ist superintensiv und superschön«, erzählte sie mir.

Wieso war sie dann bei mir im Coaching? Es war doch alles gut, oder nicht?

Das Problem: Es ging zu schnell. Denn sowohl Elisa als auch ihr neuer Freund hatten gerade erst eine Trennung hinter sich, als sie sich kennenlernten. Elisa steckte sogar noch mitten im Prozess. Die alte Beziehung war noch nicht abgeschlossen, als die neue bereits begann. Elisa wirkte überfordert von all ihren Emotionen, steckte im Chaos ihrer eigenen Gefühle fest und wusste weder ein noch aus. Sie wirkte hibbelig und nervös, als ich mit ihr sprach. Beim Erzählen knetete sie ihre Hände, friemelte an ihrem Ohrring herum, wechselte immer wieder die Sitzposition. Schon beim Zuhören spürte ich, wie unruhig und unsicher sie war.

»Wir atmen erst mal ein und aus«, sagte ich zu ihr und sie lachte nervös auf. Nach ein paar Atemzügen wurde sie ruhiger. »Danke«, sagte sie.

Elisa musste es erst einmal schaffen, zur Ruhe zu kommen. Tatsächlich entschied sie sich mit dieser Einsicht sehr bald dafür, die neue Beziehung zu beenden. Sie musste durchatmen, nicht nur kurz-, sondern langfristig, zu sich kommen, sich erholen. Nachdem sie Abstand von dem neuen Mann gefunden hatte, wirkte sie weniger getrieben – ein gutes Zeichen. Denn auf solch einer entspannten Basis lässt es sich deutlich besser arbeiten.

Gemeinsam fanden wir im Coaching heraus, welche tief liegenden Glaubenssätze sie beeinflussten und wie sie dadurch immer wieder in die gleichen Beziehungen rauschte. »Ich kann nichts dafür«, sagte Elisa in einer Session zu mir. »Das passiert einfach.«

»Siehst du«, antwortete ich. »Deshalb bist du hier. Wir arbeiten nun gemeinsam daran, dass du wieder etwas dafürkannst, was dir passiert.«

Stück für Stück schaffte Elisa es, ihre alten Glaubenssätze loszulassen. Sie hat sich zum ersten Mal mit ihrem inneren Kind befasst. Das, was sie in ihrer Kindheit über Liebe gelernt hat, war nicht die wahre Liebe, sondern abhängige Liebe. Sie konnte nun diese Glaubenssätze und Erwartungen zur Liebe erkennen, loslassen und bei sich ankommen. Statt immer im Außen nach Antworten zu suchen, nahm sie sich zum ersten Mal in ihrem Leben die Zeit, nach innen zu schauen und die vergangene Beziehung nicht einfach zu ignorieren, sondern bewusst loszulassen und aus dieser Trennung Schlüsse zu ziehen. Gemeinsam erarbeiteten wir eine neue Vision einer Beziehung. Elisa erkannte, was sie sich wirklich wünschte – und dass diese Vorstellung völlig anders war als alles, was sie bisher erlebt hatte. Zudem merkte sie, dass auch die neue, vermeintlich superschöne, superintensive Beziehung überhaupt nicht ihren tiefsten Wünschen entsprach. Auch hier durchlief sie noch einmal den Prozess des Loslassens.

Elisa war am Ende des Coachings sehr viel ruhiger und ausgeglichener als zu Beginn.

»Ich bin nun viel mehr bei mir«, sagte sie mir. »Ich atme anders. Ich schlafe besser. Mein Wohlbefinden ist nicht mehr von Männern abhängig – zum ersten Mal geht es mir gerade allein wirklich gut und ich habe das Gefühl, endlich bestimmen zu können, wie es weitergeht.«

Marc: Freundschaft loslassen

Marc arbeitete schon länger an unterschiedlichen Themen in verschiedenen Coachings mit mir. Eines Tages kam er mit einem neuen Thema. »Mein bester Kumpel nervt mich nur noch. Und ich habe keine Ahnung, wie ich damit umgehen soll.« Marc wirkte geknickt, saß ein wenig zusammengesunken auf dem Stuhl, als er davon sprach. »Wir hatten echt gute Zeiten zusammen, waren gemeinsam im Urlaub, haben damals im Studium viel rumgealbert und auch einige heftige Zeiten durchgemacht. Als mein Vater gestorben ist, war Lars immer für mich da. Doch in den letzten ein, zwei Jahren hat sich etwas verändert.«

»Inwiefern?«, fragte ich nach.

»Wenn ich mich mit ihm treffe, bin ich nicht mehr locker und entspannt, sondern empfinde ihn eher als nervig und anstrengend. Wäre das eine Beziehung, würde ich sagen, dass wir uns auseinandergelebt haben.«

»Meinst du nicht, dass eine Freundschaft eine Beziehung ist?«

Marc dachte nach. »Doch, schon«, sagte er nach einer Weile.

Wir sprachen in unserem Coaching über den Wert der Freundschaft und darüber, dass Freunde Wegbegleiter sind, die manchmal gewisse Wege nicht mehr mitgehen. Marc hatte sich weiterentwickelt. Auf dem Weg zu seinem wahren Selbst entwickelte er neue Perspektiven auf sich selbst und das Leben, die sein Kumpel Lars nicht nachvollziehen konnte oder wollte.

»Du darfst dich fragen, ob Lars dir Energie gibt oder raubt«, sagte ich. »Wenn du zu dem Schluss kommst, dass dir diese Freundschaft mehr nimmt als gibt, dann ist es vielleicht an der Zeit, diese loszulassen.«

Marc haderte sehr mit diesem Schritt. Er wollte die guten Zeiten mit Lars nicht »wegschmeißen«, wie er sagte, zudem hatte er Sorge, danach ohne besten Freund dazustehen.

Wir sprachen im Coaching lange über diese Sorgen. Marc verstand, dass er die Freundschaft loslassen und dennoch positive Erinnerungen an gemeinsame Momente bewahren konnte. Lars war ein wundervoller Wegbegleiter gewesen – doch nun hatte Marc eine andere Abzweigung genommen. Er durfte sich in Dankbarkeit verabschieden, ohne damit auch nur einen Moment der Vergangenheit schlechtzureden oder infrage zu stellen. Loslassen war für Marc bis zu diesem Zeitpunkt stets mit Kampf und Streit verbunden gewesen, doch nun spürte er, dass er auch in Frieden und Dankbarkeit gehen durfte.

Zudem realisierte er, dass das Universum ihm helfen würde, neue Verbindungen zu kreieren. Denn wenn wir uns auf unserem Herzensweg befinden, ziehen wir automatisch Menschen an, die zu uns passen. Wir begegnen neuen Wegbegleitern und schließen neue Freundschaften.

»Chris, ich muss dir etwas erzählen«, schrieb Marc mir vor Kurzem. »Das mit dem Gesetz der Anziehung scheint zu funktionieren. Ein flüchtiger Bekannter lud mich neulich zum Bier ein. Es war ein fantastischer Abend. Ich habe gemerkt, wie viel Energie ich aus diesem Gespräch mitnehmen konnte – wir haben uns seitdem immer mal wieder getroffen und ich glaube, dass sich hier eine echte Freundschaft entwickeln kann. Das ist etwas völlig anderes als mit Lars. Danke, dass du mich zum Loslassen ermutigt hast.«

Madeleine: Loslassen aus Liebe

Als Madeleine zu mir kam, war sie seit zweieinhalb Jahren in einer Beziehung. Sie liebte diesen Mann von ganzem Herzen. Vom ersten Moment an wusste sie: Das ist er. Das ist der Mann meines Lebens, mit ihm will ich steinalt werden. Die ersten Monate der beiden waren wunderschön – doch als das erste Hochgefühl abklang und der Alltag einzog, kühlte sein Verhalten ihr gegenüber ab. Er zog sich immer wieder zurück, wirkte distanziert. Madeleine versuchte, ihre Situation zu beschreiben, und fand ein sehr eindrückliches Bild, mit dem ich gut verstand, wie es ihr ging: »Es fühlt sich an, als stehe er neben mir, sogar ganz dicht. Doch er schaut mich nicht an, wenn ich ihn anschaue. Er schaut nach unten oder zur Seite, vermeidet den Augenkontakt mit mir. Er ist da, aber gleichzeitig auch nicht.«

Nach sechs Monaten begann diese Entwicklung der emotionalen Distanzierung, zwei Jahre lang hielt Madeleine diese Situation bereits aus. Anfangs steckte sie alles gut weg. »Wird schon wieder«, dachte sie, »ist doch normal, dass die rosarote Brille nicht dauerhaft bleibt.« Ihre Liebe ermöglichte es ihr, stark zu bleiben und sich ihre Lage schönzudenken. »Alles super bei uns«, antwortete sie, wann auch immer sie gefragt wurde, wie die Beziehung liefe. Sie wollte sich selbst glauben.

Doch mit der Zeit wurde es immer schmerzhafter. Sie drohte emotional zu verhungern, bekam keine Resonanz auf ihre Liebe. Sie drohte unterzugehen und suchte im Coaching nach einem Weg.

»Ich liebe ihn doch immer noch so sehr«, sagte sie. »Doch so kann es nicht weitergehen. So will ich das nicht mehr.«

Wir arbeiteten an ihren Wünschen und Vorstellungen und stellten fest, dass sie in der aktuellen Situation wirklich unglücklich war. Und tatsächlich schaffte es Madeleine loszulassen. Sie trennte sich – aus Liebe. Denn auch das ist ein Weg. Wir können nicht nur aus Trauer,

Wut, Ärger und Streit loslassen. Wir dürfen auch aus Liebe loslassen. Aus Liebe zu dem anderen Menschen und vor allem aus Liebe zu uns selbst. Madeleine stand für sich ein und setzte ein klares Zeichen.

Ihr Freund war entsetzt und völlig am Boden zerstört, als sie sich trennte. Doch Worte der Entschuldigung reichten Madeleine nicht mehr. Sie hatte zu viel ertragen müssen. Sie wusste, dass sie, wenn sie es weiter miteinander probieren würden, zwei Wochen später wieder in alte Muster verfallen würden.

Madeleine lernte im Coaching, dass nicht sie diejenige sein muss, die jemandem hinterherläuft. Sie durfte die Position wechseln. Wenn er sie wirklich zurückwollte, musste er Taten statt Worte sprechen lassen. Er musste in Vorleistung gehen – so wie sie es jahrelang getan hatte. Madeleine tat es gut, Abstand zu gewinnen und bei sich anzukommen, statt immer in der Abhängigkeit zu bleiben. Sie fand ihre Kraft und ihre Stärke wieder, stand für ihre Wünsche ein, auch wenn die Trennung ihr schwerfiel.

Stell dir vor, du lässt die Liebe deines Lebens gehen. Natürlich tut das weh. Doch damit stehst du für den einen Menschen auf der Welt ein, der noch wichtiger als die Liebe deines Lebens ist: Du sorgst für dich selbst und übernimmst Verantwortung für dein Leben.

Madeleines Freund hat diesen Prozess als Weckruf empfunden. Er hat es geschafft, ist in Vorleistung gegangen, hat gehandelt. Dass diese wundervolle Frau sich von ihm löste, zeigte ihm, dass er die Prioritäten in seinem Leben falsch gesetzt hatte und dass er sich emotional öffnen musste, um sich mit ihr zu verbinden.

Etwa sechs Monate später wurden die beiden tatsächlich wieder ein Paar und sie sind bis heute zusammen. Ich finde es unglaublich mutig, dass die beiden sich noch einmal aufeinander eingelassen haben. Sie haben es geschafft, sich gegenseitig ihre Wunden und Verletzungen zu offenbaren und darüber zu sprechen, wie verletzlich sie sind. Sie haben ein großes Maß an Intimität zugelassen und sich einander ganz und gar geöffnet. Beide sind sich sehr bewusst darüber, welche inneren Muster ihre Beziehung kaputtgemacht haben, und arbeiten gemeinsam daran, diese aufzulösen.

»Ich habe manchmal das Gefühl, dass ich eine völlig andere Beziehung habe«, erzählte mir Madeleine später. »Der Mann ist derselbe. Die Liebe auch. Aber wir haben eine ganz neue Ebene gefunden. Das ist großartig. Das hätte nie funktioniert, wenn ich es nicht gewagt hätte, zwischenzeitlich zu gehen und ihn loszulassen. Nur so konnte ich bei mir ankommen. Mein verbessertes Selbstwertgefühl tut der Beziehung richtig gut.«

Entscheide *dich für dich*

Bevor es losgeht und ich dir im nächsten Kapitel meine sieben Schritte des Loslassens vorstelle, habe ich noch eine Bitte an dich. Wenn du es ernst meinst und die Entscheidung treffen willst, wirklich für dich einzustehen, für dich da zu sein und den Prozess zu durchlaufen, unterschreibe einen Vertrag mit dir selbst. Direkt in dieses Buch, auch wenn es dir im ersten Moment albern vorkommen wird. Du wirst spüren: Durch diese Unterschrift setzt du etwas in dir in Bewegung. Vielleicht kopierst du dir die Seite und legst sie dir als Erinnerung in dein Tagebuch, deine Nachttischschublade oder auf den Schreibtisch. Wir haben gelernt, uns an Verträge zu halten. Dieser Vertrag ist wichtig, denn er ist ein Versprechen an dich selbst. Mit deiner Unterschrift setzt du ein Zeichen – für dich!

Dein Vertrag mit dir selbst

Ich, _________________ (Vorname), erkläre mich mit dem heutigen Tag, ___.__.20__, bereit, mich auf den Weg zu meinem wahren Selbst zu machen und meine innere Kraft zu entfalten.

Ich bin offen für neue Erkenntnisse, die mir auf meinem Weg begegnen werden. Ich möchte meine innere Klarheit und mein Selbstbewusstsein fördern. Ich bin mir bewusst, dass der einzige Mensch, der mein Leben gestalten kann, ich selbst bin. Ich selbst kann meine Wunden heilen und bin bereit, Altes loszulassen. Dafür werde ich aktiv werden, auch wenn es unbequem wird.

Ich werde ehrlich zu mir selbst sein und mich auf Übungen einlassen, damit ich verstehe, was passiert ist und um zu lernen, mit den Gefühlen von Enttäuschung, Schuld, Scham, Einsamkeit, Verletzung und Schmerz umzugehen.

Ich möchte wieder Hoffnung in mir fühlen und für mich da sein. Ich möchte vergeben und nicht länger an dem Schmerz festhalten. Ich werde versuchen, mit mir sanft und liebevoll in diesem Prozess umzugehen, auch wenn ich mich zeitweise nicht vollkommen fühle oder mich selbst verurteile. Ich werde mich daran erinnern, dass ich trotz meiner Unvollkommenheiten und Fehler immer noch wertvoll bin und dass dieser Prozess genau der richtige ist, um zufriedener zu werden.

Ich bin bereit loszulassen, was mich blockiert. Ich weiß, dass dieser Weg mich an einen besseren Ort als jetzt bringt.

____

Unterschrift

7.
Let it go: Wie du von der *Entscheidung zur Umsetzung* kommst

Vielleicht hast du gestern den Vertrag unterschrieben und warst wirklich motiviert, es nun anzupacken. Doch heute bist du mit fiesen Kopfschmerzen aufgewacht, hast dir den Nacken verzogen oder einfach ziemlich schlechte Laune. Willkommen auf dem Weg der Bewusstwerdung! Denn all das ist normal und gehört dazu. Die Herausforderung lautet nun: *Do it anyway.* Tu es trotzdem. Geh weiter. Verliere deine Ziele nicht aus den Augen. Auch wenn es zäh wird.

Jeder Tag trägt ein eigenes Leben in sich

Auch wenn ich inzwischen Übung darin habe, mich zu fokussieren, passiert es auch mir ab und an, mich und meine persönlichen Ziele im Alltag zu vergessen. Wenn ich mal wieder zwischen 76 unbeantworteten Mails, dem schlechten Gewissen, weil ich nicht beim Sport war, und dem Kopfdröhnen den Fokus auf meine Bedürfnisse und mein wahres Selbst verliere, habe ich mir angewöhnt, mir eine Viertelstunde, gern auch etwas länger, zu nehmen, um *nichts* zu tun. Laptop zu. Musik aus. Podcast aus. Handy weg. Stille. Wir neigen dazu, jede Stille mit Inhalten und Input zu füllen, statt diese Minuten zu nutzen, um in uns reinzuhören. Manchmal meditiere ich in diesen Minuten, versuche bewusst, die Gedanken kommen und gehen zu lassen, ohne sie festzuhalten. Zu akzeptieren, was ist, ohne mich verrückt machen zu lassen. Manchmal denke ich in diesen Momenten auch an den Tod. Moment mal, an den *Tod*? Ist das nicht ein bisschen krass? Nein, finde ich nicht. Denn wenn ich mir bewusst mache, dass mein Leben endlich ist, kann ich es sehr viel mehr wertschätzen. Memento mori. Sei dir deiner Sterblichkeit bewusst. Der Tod ist für mich kein gruseliger Kapuzenmann, der irgendwo hinter einer Ecke lauert und all meine Pläne zerstören will, sondern ein guter Freund, der mich daran erinnert, nicht bis morgen zu warten, meine Träume und Wünsche umzusetzen.

Was würdest du tun, wenn heute der letzte Tag deines Lebens wäre?

»Gut, dass es nicht so ist«, denkst du vielleicht gerade, wenn du überlegst, was gestern oder heute so los war: Kopfweh, Büro, Haushalt, Serie schauen. Nicht gerade der »perfekte Tag«. Doch es geht nicht darum, immer das absolute Optimum rauszuholen, einen Tag zu leben, der andere beeindrucken kann. Es geht darum, in *deinem* Sinne zu handeln. Wenn dir das, was du getan hast, Freude bereitet hat, und du es in Verbindung zu deinem Herzen getan hast, war es ein guter Tag! Das Leben hat Höhen und Tiefen. Jeder einzelne Tag hat Höhen und Tiefen. Vielleicht wachst du morgens mit Magengrummeln auf und lernst nachmittags die Liebe deines Lebens kennen. Oder du wirst vormittags gekündigt, hast aber am Abend eine Mail von einer Headhunterin im Postfach, die dir einen viel besseren Job anbietet. Egal, was dir passiert – gib niemals die Hoffnung auf. Jeder Tag trägt ein eigenes Leben in sich. Du weißt nie, was passieren wird.

Ein weiterer Aspekt, um bewusster zu leben: Überleg dir, wie du in Erinnerung bleiben willst. Nicht nur am Ende deines Lebens, sondern auch am Ende des Tages. Welchen Eindruck sollen die Menschen von dir haben, denen du heute begegnet bist? Wie willst du auf Kritik reagieren? Wie willst du damit umgehen, wenn dir jemand sagt, dass er oder sie dich nicht mehr liebt?

Das sind keine einfachen Fragen, ich weiß. Zum einen erscheinen sie so groß und wichtig, dass man sich gar nicht auf eine Antwort festlegen will. Zum anderen können diese Antworten auch zeigen, dass du bisher nicht wirklich nach deinen eigenen Werten gehandelt hast. Aber das ist nicht schlimm! Verurteile dich nicht. Denn egal, wie lange du in die falsche Richtung gelaufen bist, du kannst dich immer wieder neu entscheiden, wie es weitergeht. Jetzt. Sofort. Du wählst.

Deshalb nimm dir etwas Zeit, um über die »großen« Fragen nachzudenken. Denn die Antworten darauf sind Leuchttürme, an denen du dich orientieren kannst, wenn die See stürmisch ist. Wenn du bei dir und deinen Leuchttürmen bleibst, wirft dich von außen nichts mehr so schnell aus der Bahn. Du kannst Dankbarkeit für dein Leben empfinden, völlig egal, was passiert.

Jeder Tag ist einzigartig. Wenn du diesen Gedanken und die Liebe für dein Leben in dir trägst, wirst du den Herausforderungen des Lebens zunehmend gelassener begegnen. Denn vielleicht sieht die Welt morgen schon wieder ganz anders aus. Oder du gestaltest sie dir anders. Das Leben ist eine einzige große Transformation. Wir alle sind Teil des ständigen Wandels. Glück und Unglück, Freund und Feind, Hoffnung und Enttäuschung, die Wellen kommen und gehen, du kannst sie nicht stoppen. Aber du kannst lernen, auf ihnen zu surfen und dabei richtig Spaß zu haben.

Damit du an diesen Punkt gelangen und auf dein Surfbrett steigen kannst, geht es darum, all den Ballast, der auf deiner Seele (und auf deinem Surfbrett) lastet, loszulassen. Du hast im vorherigen Kapitel einen Vertrag mit dir selbst unterschrieben. Jetzt geht es darum, Verantwortung für dich selbst zu übernehmen. Niemand anders nimmt es dir ab, Entscheidungen zu treffen, niemand trägt dich auf Händen zu deinem nächsten Lebensabschnitt. Aber du kannst diesen Weg selbst gehen. Und dein Herz wird dir helfen, dir die Richtung vorzugeben.

Die HEART-UP Methode: Loslassen in 7 Schritten

Wir nehmen nun die Umsetzung des Loslassens in Angriff. Ich habe einige Übungen für dich. Schnapp dir einen Zettel oder ein Notizbuch, um deine Gedanken zu notieren. Allein der Prozess des Aufschreibens wirkt reinigend und spült manchmal Gedanken an die Oberfläche, die dir noch gar nicht bewusst waren.

Visualisiere nun noch einmal, was du loslassen möchtest. Und denk fest an dein Ziel: ein leichteres, freieres Leben.

1. Halte den Schmerz!

Zuerst geht es darum, dich so genau wie möglich an den Schmerz zu erinnern. Schließe die Augen, geh tief in dich. Es darf jetzt wehtun.

- Beschreibe das Ereignis, um das es geht.
  Beispiel: Mein Freund hat mich betrogen.
- Wie sah deine erste (eventuell spirituelle) Antwort darauf aus (unbewusst oder bewusst), um das Ereignis einfach abzutun?
  Beispiel: Das ist Karma./Klar, dass mir das passiert. Ich ziehe solche

Menschen einfach an./Ich bin ja selbst schuld, schließlich kreiere ich mein Leben.

- Wie sieht deine Antwort auf darauf aus, wenn du versuchst, den Schmerz in eine positive Kraft zu verwandeln? Welche guten Erfahrungen oder Ereignisse resultierten aus deiner Erfahrung?
  Beispiel: Ich habe nach der Trennung mehr Zeit für Sport gehabt und einige Freundschaften intensiviert. Mir wurde bewusst, dass auch ich nicht mehr zu 100 Prozent glücklich in der Beziehung war.
- Wie sieht eine bewusste und kraftvolle Sichtweise auf das Ereignis aus? Leg den Fokus auf die Dankbarkeit für dein Wachstum und deine neuen Einsichten.
  Beispiel: Ich bin dankbar dafür, dass mir diese Erfahrung gezeigt hat, dass ich mich weiterentwickeln darf. Ich bin dankbar, dass mir Person X mit diesem Fehltritt die Chance gegeben hat, mich selbst zu hinterfragen und mich auf die Suche nach meinem wahren Selbst zu begeben.

2. Empathie zeigen

Es klingt banal, aber ist so wichtig: Wir alle tun Dinge aus Gründen, die wir im jeweiligen Moment für richtig halten. Im Nachhinein kann alles anders aussehen. Manchmal bereuen wir unser Verhalten, manchmal verstehen wir uns selbst nicht mehr. Doch im jeweiligen Moment des Handelns gab es einen Grund, der uns dazu gebracht hat, etwas zu tun. Auch du hast sicherlich schon mal etwas getan oder gesagt, das einer anderen Person wehgetan hat. Verletzte Menschen verletzen Menschen. Wenn wir selbst verletzt sind, unbewusst oder bewusst, tun wir Dinge, die nicht immer unseren Werten entsprechen. Manchmal liegen die Verletzungen noch nicht lange zurück (so schaukeln sich Streitigkeiten schnell hoch), manchmal sind es auch weit zurückliegende Traumata (hier greifen die Verhaltensmuster der

Kindheit). Wenn du genau drüber nachdenkst, findest du sicherlich eine Verletzung bei dir selbst, die dazu geführt hat, dass du andere gemein, unfair oder unsensibel behandelt hast.

Kommen wir zu dir und dem Ereignis, das du loslassen möchtest. Dir wurde wehgetan. Jemand anders hat dich verletzt. Doch auch diese Person hatte ihre Gründe. Bewusst oder unbewusst. Es ist sehr wahrscheinlich, dass sie dir nicht wehtun oder dir schaden wollte, es ist trotzdem passiert. Versuche nun zu verstehen, wie es dazu kommen konnte. Nimm dir wieder etwas zu schreiben und beantworte schriftlich folgende Fragen:

- Welche Gründe könnten die Person dazu gebracht haben, sich so zu verhalten?
- Gibt es Ereignisse oder Erfahrungen in der Lebensgeschichte der Person, die sie zu diesem Verhalten gebracht haben könnten?
- Hast du vielleicht auch einen Teil dazu beigetragen, dass es so weit kommen konnte?

Vielleicht spürst du gerade bei der letzten Frage eine gewisse Abwehrhaltung in dir: *Jetzt soll die andere Person nun plötzlich unschuldig sein und ich soll die Schuld bei mir suchen, oder was?* Nein, versteh mich nicht falsch. Wenn dein Partner oder deine Partnerin beispielsweise fremdgegangen ist, obwohl ihr euch Treue versprochen habt, ist und bleibt das ätzend. Auch wenn du versuchst, eine neue Perspektive einzunehmen und ein gewisses Verständnis zu entwickeln, entschuldigt das die andere Person nicht dafür, dass sie dich mit diesem Fehltritt verletzt hat.

Nicht stur in deiner Wut zu bleiben, sondern dich für diese neue Perspektive zu öffnen, hilft dir aber, die andere Seite besser zu *verstehen*. Es kostet Kraft und erfordert viel Stärke, doch du kannst dich in die andere Person hineinversetzen. Dies ist ein entscheidender

Schritt, um der Person emotional zu vergeben, ihre Motive besser zu verstehen und freier zu sein. Geh es langsam an, vielleicht kannst du bisher nur wenig Verständnis entwickeln, das ist okay. Auch kleine Schritte sind wertvoll. Denn wenig Verständnis ist mehr als gar kein Verständnis. Indem du heute den Gedankenprozess in Gang gesetzt hast, wird er sich in dir weiterentwickeln. Vergebung kann so kraftvoll sein!

3. Abschied nehmen

Abschiede sind nicht jedermanns Sache. Ein guter Freund von mir hat eine kleine Tochter, die einige Wochen lang jeden Tag beim Abgeben in der Kita bitterlich geweint hat. Er hatte ein furchtbar schlechtes Gewissen. Die Erzieherin beruhigte meinen Freund: »Das ist okay. Abschied nehmen darf wehtun. Wenn Sie aus der Tür sind, ist ganz schnell alles vergessen und ihr geht es gut.«

Er fragte, ob er es ihr leichter machen könne, indem sie morgens von den Erzieherinnen abgelenkt werde und er sich dann schnell wegschleiche. »Ohne Abschied kein Schmerz. Oder?«

»Nein«, sagte die Erzieherin. »Verzichten Sie nicht auf das Abschiedsritual. Es tut kurz weh, aber ist wichtig für den Übergang in die neue Umgebung. Wenn Papa plötzlich unerwartet weg ist, ist das für die Kleine viel schlimmer, weil ihr dann das Verständnis fehlt, was passiert ist.«

Abschiedsrituale sind nicht nur für Kinder wichtig. Auch wir brauchen sie als Markierung für ein Ende und einen Neuanfang. Als Erwachsene vernachlässigen wir diese Rituale und hängen dann viel zu lange gedanklich in der Vergangenheit, ohne Lehre, ohne Fazit, ohne Erkenntnisgewinn. Ohne Abschiedskuss.

Deshalb geht es nun darum, in Dankbarkeit Abschied zu nehmen. Vergebung zu üben. Denn diese schenkt dir Ruhe und Frieden.

Schreib nun einen Brief an die Person, um die es dir beim Loslassen geht, beispielsweise deinen Expartner oder deine Expartnerin, deinen Vater oder deine Mutter oder ehemalige Freunde.

Schreib die Wahrheit auf, Positives wie Negatives. Du kannst dich an folgenden Punkten entlanghangeln:

- Früher habe ich an dir wertgeschätzt, dass du …
- Ich wollte dir endlich mal sagen, dass …
- Ich habe mich nie getraut zu fragen, …
- Du hast mich wirklich verletzt, …
- Ich habe dich verletzt, …
- Ich werfe dir bis heute noch vor …
- Was ich dir vergeben kann …
- Bitte vergib mir für …
- Es war wundervoll, dass du …
- Durch den Schmerz durfte ich lernen …
- Ich verabschiede mich nun endgültig …
- Heute, ohne dich, stehe ich hier …
- Abschließend sage ich noch mal Danke für …

Du kannst dir auch ein symbolisches Abschiedsgeschenk überlegen. Wenn dir danach ist, darfst du den Brief natürlich auch abschicken. Das muss aber nicht sein. Denn dieses Ritual des Briefschreibens ist vor allem für dich gedacht.

Und weil es so schön war, schreib direkt noch einen Brief. Dieses Mal geht es um dich selbst.

Höre genau in dich hinein. Bist du noch sauer auf dich selbst? Schämst du dich für dein Verhalten in gewissen Momenten? Dann ist jetzt der Zeitpunkt gekommen, Verantwortung für dich zu übernehmen und dich diesen Emotionen zu stellen. Schreibe einen Brief an dein vergangenes Ich oder dein inneres Kind. Sei ehrlich zu dir selbst. Schreibe über die Wut, über die Verletzungen und die Gefühle, die du dir selbst entgegengebracht hast und die dich verletzt und gehemmt haben. Gehe einen Schritt weiter und schau nach vorn. Was willst du besser machen? Wie willst du in Zukunft handeln? Dein altes Ich ist ein Teil von dir – doch es bestimmt nicht deine Zukunft. Du musst nicht die gleichen Fehler wiederholen, sondern kannst einen erfüllteren, bewussteren Weg gehen.

Beim Schreiben können dir folgende Punkte helfen:

- Ich möchte mich bei mir entschuldigen für …
- Ab heute werde ich diese Dinge verändern: …
- Ab heute übernehme ich Verantwortung für mich, indem …
- Altes Ich, du bist für immer ein Teil von mir …
- Ich möchte mir selbst Danke sagen für …

4. Rituale

Beim Schreiben der Briefe hast du vielleicht schon gemerkt, wie gut es tut, »richtig« Abschied zu nehmen, statt einfach zu ignorieren, was war. Es gibt noch viele weitere Rituale, die dir dabei helfen können, Vergangenes loszulassen, zu vergeben und hoffnungsvoll nach vorn zu schauen. In meinen Coachings biete ich viele Optionen an – manchmal probieren wir es mit bis zu zehn unterschiedlichen Ritualen. Es würde den Rahmen sprengen, hier alle zu erklären, deshalb werde ich dir meine drei Lieblingsrituale vorstellen, die mir auch selbst schon sehr geholfen haben, mich von alten Beziehungen zu verabschieden, aber auch von alten Glaubenssätzen, die mich gebremst haben.

Das Verbrenne-deine-Ängste-Ritual: Zerschneide ein Blatt Papier in mehrere Teile und schreibe all deine Ängste auf die jeweiligen

Teile. Da könnte beispielsweise stehen: »Ich habe Angst, für immer allein zu bleiben.« Oder: »Ich habe Angst, dass sie/er schlecht über mich redet.«

Und dann: Feuer frei! Achte darauf, dass du den Brandschutz beachtest, vielleicht hast du einen Kamin oder eine Feuerschale, um dieses Ritual umzusetzen. Während die Zettel verbrennen und der Rauch aufsteigt, überlege dir, was du brauchst, um diese Ängste zu ersetzen oder positiv zu transformieren: Stärke, Raum, Heiterkeit, Selbstbewusstsein. Sende deine Wünsche mit dem Rauch nach oben, ins Universum, und mit ihnen die verbrannten Ängste. Überlege danach, wie du dich dabei gefühlt hast und was sich in dir verändert hat.

Das Spiegelbild-Ritual: Stell dich vor den Spiegel und schau dir selbst in die Augen. Zupfe nicht an dir herum, korrigiere nicht deine Frisur oder dein Make-up. Sieh dich an, so, wie du bist. Und dann lächle. Grinse. Lache. Sei gut und freundlich zu dir. Du darfst den Selbstoptimierungswahn stoppen. Sag laut »Ich liebe dich« zu deinem Spiegelbild, egal, wie es aussieht. Oder: »Ich liebe mich.« Ich weiß, das fühlt sich total merkwürdig an, du kommst dir albern vor und es klingt falsch. Mach trotzdem weiter! Denn diese Worte sind wichtiger als alles andere. Selbstliebe sollte für dich immer an erster Stelle stehen. Denn es geht beim Loslassen nicht nur darum, dich auf das zu konzentrieren, was du loswerden willst, sondern vor allem darum, den Fokus wieder auf dich selbst zu richten.

Das Seil-Ritual: Dies ist eines meiner Lieblingsrituale, da es den Prozess der Befreiung symbolisiert und eine Menge Energie freisetzt. Schon die Erinnerung an mein erstes Seil-Ritual erfüllt mich mit dem Gefühl von Leichtigkeit und Freiheit. Das solltest du unbedingt ausprobieren! Also: Schnapp dir ein Seil, das dich gut hält, das du aber trotzdem mit einer Schere durchschneiden kannst. Binde dir das Seil um den Bauch und das andere Ende an einen Türknauf oder

Ähnliches. Schließe die Augen und lass dich von dem Seil halten. Stell dir vor, wie dich das Negative, was du erlebt hast, festhält und daran hindert weiterzugehen. Wie du zurückgezogen wirst, selbst wenn du vorwärtskommen willst. Übernimm dann Verantwortung und forme den Gedanken, dass du loslassen möchtest. Schnapp dir eine Schere und – zack! – schneide das Seil durch. Mit einem Ruck bist du frei. Wie fühlt sich das an, wenn dich nichts mehr festhält? Ziemlich cool, oder?

5. Transformation

Du bist schon weit gekommen. Gratulation! Klopfe dir selbst auf die Schulter. Wie geht es dir? An diesem Punkt war ich selbst so weit, dass ich Vergebung gespürt und gemerkt habe: Jetzt darf es weitergehen. Das Seil ist durchgeschnitten. Nichts hält mich mehr fest. Deshalb folgt nun die Transformation. Du bewegst dich weg von Altem und hin zu Neuem. Stell dir vor, ein guter Freund oder eine gute Freundin würde voller Stolz eine Rede halten, in der er oder sie davon erzählt, wie weit du schon gekommen bist und wie verheißungsvoll deine Zukunft aussieht. Schreib diese Rede auf ein Blatt Papier und lies sie dir immer wieder durch, wenn du zweifelst oder unsicher wirst, ob du auf dem richtigen Weg bist.

Nach der Lobhudelei gehe in dich. Ich habe einige Sätze, die dir dabei helfen, deine Selbstachtung, deinen Selbstwert und deine Selbstliebe zu unterstützen.

Selbstachtung

Meine Gefühle und Bedürfnisse sind wichtig.
Ich finde heraus, was mir guttut, und handle danach.
Was mir nicht guttut, lasse ich los.

Selbstwert

Ich stehe für meine Werte ein.
Ich richte mich nicht nach den Erwartungen anderer.
Ich entscheide, welchen Weg ich gehe.

Selbstliebe

Ich liebe mich in guten wie in schlechten Zeiten.
Ich darf ich sein.
Ich bin bereit, mich anzunehmen.

Sprich diese Sätze immer wieder laut aus. Sie werden dir helfen, Unsicherheiten zu überwinden. Und sie werden dein Leben verändern, weil sie deinen Blick auf dich selbst und somit deine gesamte Wahrnehmung verändern.

6. Upgrade your Heart

Damit du in Zukunft genau das Leben lebst, das du dir wünschst, geht es nun darum, diese Wünsche aufzuschreiben. Ich habe einige Fragen an dich, die du wieder auf einem Zettel oder in deinem Notizbuch beantworten kannst:

- Für welche Grundwerte willst du stehen? *(Beispiele: Spiritualität, Ehrlichkeit, Empathie, Toleranz, Sauberkeit, Sicherheit …)*
- Wie möchtest du dich zukünftig fühlen? *(Beispiele: intellektuell herausgefordert, finanziell unabhängig, sicher, zufrieden, körperlich fit, gelassen, energetisch, voller Liebe …)*
- Was willst du investieren und verändern, damit das klappt? *(Beispiele: Verantwortung für meine Gefühle übernehmen, früher Grenzen setzen, mit meinem inneren Kind arbeiten …)*
- Wie möchtest du zukünftig mit Konflikten umgehen?
- Wie wirst du dir selbst Liebe zeigen und welche Art der Selbstfürsorge soll Teil deines Alltags werden?

Nächster Schritt: Visualisiere deine Zukunft – am besten ganz praktisch mit einem Vision Board. Schnapp dir ein großes Blatt Papier oder eine große Pinnwand und schreibe Gedanken auf, sammle inspirierende Zitate, klebe Bilder dazu, die dir helfen, deine Zukunft zu sehen. Alles ist erlaubt! Das Ergebnis soll eine bunte, inspirierende, motivierende Vision deiner Zukunft sein, an der du dich immer wieder orientieren kannst. Der Bastelprozess macht echt Spaß. Auch ich habe ein Vision Board in meinem Büro hängen und update es immer mal wieder – denn auch hier gehört Transformation dazu. Durch dieses Ritual des Ausschneidens, Auswählens und Aufhängens bleiben die Gedanken in meinem Kopf – und durch die ständige Präsenz des Vision Boards verliere ich meine Ziele nicht aus den Augen, im wahrsten Sinne des Wortes.

Extra-Tipp: Die Kraft der Affirmationen

Affirmationen helfen dabei, neue Glaubenssätze, die deine Ziele und Wünsche ausdrücken, in deinem Kopf zu verankern. Du wirst dich anders verhalten und die Welt im Außen anders wahrnehmen, wenn du diese Affirmationen immer wieder laut wiederholst. Auch deine Beziehungen werden sich verändern.
Es ist wichtig, die Affirmation in der Gegenwartsform zu formulieren.

Beispiel-Affirmationen:

- »Ich bin zufrieden.«
- »Ich bin genug.«
- »Ich bin friedlich.«
- »Ich bin voller Kraft und schaffe es.«

Spüre bei jeder Affirmation und bei jedem Glaubenssatz in das Gefühl hinein. Wie fühlst du dich? Was hat sich für dich verändert? Affirmationen tun nicht weh, kosten nichts und werden dein Leben verändern.

7. Powervolle Zukunft

Schließe die Augen und male dir aus, wer und wo du in 20 oder 30 Jahren bist. Alles ist erlaubt! Machst du gerade Urlaub auf dem

Mond? Bist du Oma und tobst mit deinen Enkelkindern durch den Wald? Bist du Chef oder Chefin eines Unternehmens, das du selbst aufgebaut hast? Schau genau hin. Wo bist du? Welche Werte vertrittst du? Wofür stehst du? Welche Fähigkeiten hast du? Bist du allein oder ist jemand bei dir? Wer ist oder sind diese Person(en)?

Nimm dir einen Zettel und schreibe die Situation ganz genau auf. Vielleicht hängst du diese Beschreibung mit an dein Vision Board.

Ziemlich cool, so eine Zukunft, die du ganz nach deinen Vorstellungen gestalten kannst. Natürlich hast du nicht auf alles einen Einfluss. Doch du kannst immer entscheiden, was du aus dem machst, was das Leben für dich bereithält. Du bist die Chefin oder der Chef deines eigenen Lebens. Du bestimmst, wo es langgeht. Vergiss das nicht.

Zum Abschluss schreibe noch die drei wichtigsten Sätze auf, die dich in den nächsten Jahren leiten sollen.

Beispiele dafür: *Ich setze Grenzen und achte auf mich. Ich lasse mich nicht blenden und folge meinem Herzensweg. Ich höre auf mein Bauchgefühl. Ich stelle meine eigenen Bedürfnisse an die erste Stelle.*

Findest du selbst noch welche? Schreib sie auf und sprich sie laut aus.

Herzlichen Glückwunsch! Du hast es geschafft. Du bist die sieben Schritte des Loslassens gegangen. Ich möchte dich dazu ermutigen, daran festzuhalten, diesen Weg immer wieder zu gehen. Manchmal musst du auch dieselbe Situation noch einmal aufs Neue loslassen, weil sie dich wieder einholt. Bei mir waren es die Beziehungen, die mich auch nach der Trennung manchmal monate- oder gar jahrelang beschäftigt haben. Ich bin nicht davon losgekommen. Doch meist ist es nicht die Realität, an der wir festhalten, sondern bloß die Vorstellung einer Zukunft.

Ohne den Prozess des Loslassens wird sich die Geschichte wiederholen. Ich bin damals in die nächste Beziehung gerutscht und als die erste Welle der Verliebtheit abebbte, landete ich in genau den gleichen Problemen wie in der Beziehung zuvor. Weil ich mich nicht verändert hatte, keine neuen Ziele gesteckt und keine Lehren aus Vergangenem gezogen hatte. Als ich endlich die sieben Schritte des Loslassens gegangen war, wurde es besser. Ich hatte mein »Gefäß« geleert, da war wieder Raum für Neues, ich begann mit einer echten Transformation. Und ich bin mir sicher, dass du das auch kannst!

8.
Raus aus dem Kopf, rein ins Herz: Kreiere dein HEARTset

Frei von altem Ballast auf zu neuen Ufern? Ich spüre schon, wie deine Energie bis zu mir rüberschwappt! Ich kann sehr gut nachvollziehen, wie es sich anfühlt, befreiter durchs Leben zu gehen.

Nach der Trennung auf Bali, die so bewusst und frei von Drama ablief, wie ich es nie zuvor erlebt hatte, kam ich schnell in einen Bewusstseinszustand, in dem ich mir selbst ganz nah war. Ich konnte die restlichen Urlaubstage genießen und erinnere mich an ein Essen mit einem guten Freund. Wir wollten uns eigentlich zu viert treffen, doch ich war frisch getrennt und seine Freundin war müde und wollte nicht mehr essen gehen. So saßen wir zu zweit am Tisch und haben jede einzelne Sekunde genossen. Den Wert der Freundschaft, der in Beziehungen manchmal in den Hintergrund rückt, habe ich in diesen Stunden wieder intensiv in mir gespürt.

»Es soll nicht kaltherzig klingen, aber ich bin wirklich dankbar, dass wir diesen Abend zu zweit erleben«, sagte ich ihm.

Er nickte. »Geht mir genauso. Ich glaube, wir konnten uns so noch mal besser kennenlernen. Das finde ich klasse.«

Wir lächelten uns an, bestellten noch ein Getränk, obwohl es schon spät war, und redeten bis tief in die Nacht.

Es sind diese Momente, die zeigen, dass das Loslassen immer Platz für etwas Neues macht. Ich glaube fest daran, dass ein kraftvolles HEARTset jeder und jedem dabei hilft, ein bewusstes und erfülltes Leben zu leben. Deshalb möchte ich dir nun erklären, wie du die drei Säulen baust, auf denen du dein HEARTset kreieren kannst.

Was ist das HEARTset?

Das HEARTset beschreibt die Beziehung von dir zu dir. Was spürst und siehst du, wenn du den Blick nach innen richtest? Scham, Schuld und Selbstvorwürfe? Oder Liebe, Selbstmitgefühl, Leichtigkeit und Freiheit? In Kapitel 4 habe ich dir von der Persona, dem Schatten und deinem wahren Selbst erzählt. Das wahre Selbst, dein innerer Kern, dieser Flow-Zustand, der fernab von gestern und morgen existiert, ist das, womit du dich in deinem HEARTset verbindest. Wenn du nicht in Grübeleien verfällst, deiner Intuition vertraust und weißt, wofür du stehst, bist du mit dir selbst verbunden.

Die 3 Säulen für ein kraftvolles HEARTset

Ein starkes HEARTset, das dich auch durch schwere Zeiten leitet, gibt dir Kraft, selbst wenn es sich so anfühlt, als sei die ganze Welt gegen dich. Dein HEARTset basiert auf drei Säulen: Selbstakzeptanz, Vergebung und Selbstliebe. Lass uns gemeinsam genauer hinschauen, was das bedeutet und wie du diese Säulen und das Dach für dich aufbauen kannst.

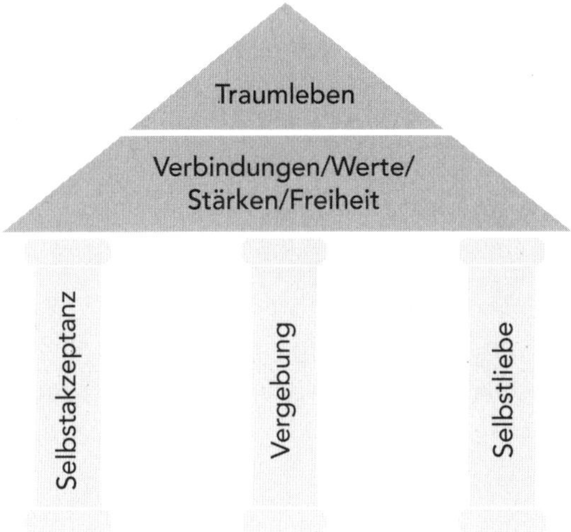

Mit deinem HEARTset kreierst du dein Traumleben

1. Selbstakzeptanz

Bist du ein Mängelexemplar? Cool, ich auch! Das sind wir alle. Wir haben Macken, Ecken und Kanten, sind keine makellosen Designerstücke, sondern lebendige Kunstwerke. Und das ist okay. Du bist okay. Genau so, wie du gerade bist. Akzeptiere den Status quo und erkenne an, dass du gut bist, wie du bist, auch wenn nicht alles perfekt läuft. Du bist auf dem richtigen Weg, das ist es, was zählt.

Ich erinnere mich noch an einen Moment, in dem ich diese Kraft der Selbstakzeptanz in mir gespürt habe. Im Herbst 2015, als ich im Start-up und zunehmend an mir selbst arbeitete, fühlte ich mich einsam. Ich war in Köln, schaute aus dem Fenster. Leere in mir. Ich wollte doch so viel verändern. Mir selbst näherkommen, erfüllter leben. Doch ich saß allein da, niemand, mit dem ich etwas teilen konnte, niemand, der mich zum Lachen brachte, beruhigte oder begleitete. Träge ließ ich mich aufs Bett fallen. Ich musste ein paar Mails beantworten, doch mir fehlte die Kraft. Ich nahm mein Smartphone vom Nachttisch und scrollte mich durch Social-Media-Kanäle, durch Nachrichtenseiten, durch private Messages. 35 Minuten später ließ ich das Gerät genervt auf die Bettdecke fallen. 35 Minuten, die mich abgelenkt hatten von mir selbst, 35 Minuten, in denen ich mir zu viel Input reingezogen habe, der mich überhaupt nicht weiterbrachte. 35 verlorene Minuten. Ich ließ das Smartphone liegen, stand auf und zog mir Schuhe und Jacke an. Plötzlich konnte ich gar nicht schnell genug nach draußen kommen. Im Freien atmete ich die Herbstluft ein. Es war ein sonniger Tag, der sich fast noch nach Spätsommer anfühlte. Ich holte mir einen Kaffee und ging spazieren. Allein. Schritt für Schritt hellte sich meine Stimmung auf, ohne dass ich etwas dafür tun musste. Ich landete schließlich an einem Wasserbecken, in dessen Mitte eine Fontäne plätscherte. Ich setzte mich auf eine Bank und schaute einige Minuten in die Fontäne. Ab und zu blies ein Windstoß gegen die Wassersäule, die sich zur Seite bog. Flaute der Wind ab, stand sie wieder senkrecht. Das Wasser fiel hinunter ins Becken, wurde dann wieder hochgesprüht. Ein ständiger Kreislauf. Hoch und runter. Böen und Windstille. Die Fontäne blieb und rund um mich herum saßen Menschen, die ihr Frühstück aßen und dabei ins Wasser guckten. Es war genug. Ich spürte, wie sich eine Ruhe in mir ausbreitete. Ich war genug. Auch wenn ich gerade noch nicht da war, wo ich sein wollte. Ich spürte mich. Das war ein gutes Zeichen. In meiner Einsamkeitstragödie fühlte ich nicht mehr dieses Selbstmitleid, das mich immer tiefer runterzog und mir vorhielt, was für ein Versager ich war, sondern Selbstmitgefühl, das mich umarmte und sagte: »Du bist okay. Auch hier, auch jetzt, auch in diesem Tief.«

2. Vergebung

Es gibt viele Gefühle, doch eines der unangenehmsten ist die Scham vor sich selbst. Kennst du dieses Gefühl, wenn du nichts ahnend durchs Leben gehst, nach bestem Wissen und Gewissen handelst, und dir jemand anders plötzlich deine Taten um die Ohren haut? Gern verpackt in Schuldzuweisungen, die mit »Du machst immer …« oder »Nie hörst du zu, wenn …« beginnen. Und wenn du dann merkst: Mist, da ist was dran.

Manche Menschen gehen intuitiv in den Gegenangriff und die Schuldzuweisungen schaukeln sich hoch, bis sie am Ende Dinge sagen, für die sie sich später schämen. Andere Menschen ergreifen die Flucht, ziehen sich mit dem Gedanken »Oh Gott, ich habe alles falsch gemacht« in ihr Schneckenhaus zurück und schämen sich für immer für ihre vermeintlichen Fehler. Beides ist wenig hilfreich. Tatsächlich sind bereits die Formulierungen der Vorwürfe (Du-Botschaften) schwierig. Denn du weißt ja, wenn du mit dem Finger auf andere zeigst, zeigen mindestens drei Finger zurück zu dir. So ist es auch bei anderen, die auf dich zeigen. Sie fangen nicht bei sich an und verstehen nicht, dass das, was sie stört, auch immer etwas mit ihnen selbst zu tun hat.

Nun gut, so schade es auch ist, du kannst nicht die anderen Menschen ändern, die nie gelernt haben, in Ich-Botschaften zu kommunizieren und den Blick immer wieder nach innen zu richten. Also musst du einen Weg finden, mit diesen Beschämungen oder Beschuldigungen umzugehen. Vielleicht ist berechtigte Kritik dabei (»Du räumst nie den Geschirrspüler aus!«), das ist leicht zu verändern und sorgt sicherlich auch nicht für allzu große Schamgefühle. Wenn es aber ans Eingemachte geht und an gewissen Vorwürfen eine Liebesbeziehung zerbricht, quält dich möglicherweise lange der Gedanke: »Ich habe es vermasselt.«

Und vielleicht war es wirklich dein Verhalten, das der anderen Person so gegen den Strich ging, dass sie es nicht mehr ausgehalten hat. Doch musst du dich damit quälen? Oder darfst du auch diesen Moment loslassen, dir selbst vergeben und weiterziehen?

Bei mir gab es vor gar nicht allzu langer Zeit einen dieser Momente der Selbstvergebung. Es war ein Frühlingstag im April, ich war in Berlin. Nach dem Frühstück war ich auf dem Weg zu einem guten Freund, ich freute mich auf das Treffen mit ihm. Als mein Handy vibrierte, schaute ich aufs Display und Adrenalin schoss durch meine Adern. Meine Ex-Freundin hatte geschrieben. Ich blieb stehen und las die Nachricht. Dann noch einmal. Scheiße. Das tat richtig weh. Ich merkte, wie sehr ihre Worte in mir ein Gefühlschaos aus Scham, Selbstvorwürfen und Wut auslösten. Ich ging weiter, meine Schritte waren groß, schnell, stampfend. Zum Glück waren es noch ein paar Hundert Meter bis zu meinem Ziel. Als ich ankam, war ich außer Atem, doch die Emotionen kochten nicht mehr ganz so hoch. Ich erzählte meinem Kumpel von der Nachricht. »Komm, wir spielen Tischtennis«, sagte er nur.

Und ich spielte. Zwischendurch machte ich eine Pause, weil mir die Tränen kamen und all die Traurigkeit über den Verlust und die Trennung aus mir herausbrach. Dann lachte ich aus vollem Herzen, weil ich jetzt hier stand, alles andere als allein, und einen Glücksmoment erlebte. Wir spielten Runde um Runde, und mit jedem Schlag fühlte ich mich freier. So frei wie schon lange nicht mehr.

Meine Ex-Freundin hatte mir immer wieder vorgeworfen, dass ich zu viel Zeit am Handy verbrachte, zu viel Instagram, zu viel virtuelles Leben, zu wenig Realität. Sie hatte sicherlich recht, ich war viel am Display, das war und ist Teil meines Jobs. Lange warf ich mir vor, dass ich mehr Zeit in die Beziehung hätte investieren sollen. Doch zu der Zeit baute ich mir gerade etwas ganz Neues auf. Ich investierte in mich selbst, nahm mir Zeit für meine Ziele und Vorhaben. Damit war viel Bildschirmzeit verbunden. War das falsch? Oder genau richtig?

Ich kann diese Frage bis heute nicht abschließend beantworten. Ich weiß nicht, ob ich es übertrieben habe oder ob sich jede Sekunde gelohnt hat, damit ich heute dort bin, wo ich bin. Was ich aber mit Sicherheit sagen kann: Ich habe immer so gehandelt, dass es sich in dem Moment richtig angefühlt hat. Ich war zu dem Zeitpunkt meines Lebens die beste Version meiner selbst.

Die letzte Runde Tischtennis gewann ich haushoch, meinen Kumpel umarmte ich danach: »Danke, dieses Spiel tat verdammt gut.«

Er lachte. »Ist klar, vor allem, weil du am Ende gewonnen hast!«

»Nicht nur das Spiel«, sagte ich. Wir lächelten beide.

3. Selbstliebe

Stell dir mal vor, dass alles in deinem Leben zerbricht. Du verlierst deinen Job, dein Partner oder deine Partnerin verlässt dich (und nimmt die Kinder mit, falls ihr welche habt), sportlich kannst du auch keine Erfolge mehr feiern, weil du nach einer schweren Verletzung körperlich eingeschränkt bist. Und jetzt? Wie fühlst du dich? Besch...eidene Situation, ich weiß. Trotzdem, geh in dieses Gefühl hinein und versuche, in dich reinzufühlen. Viele Menschen merken in diesem Szenario, dass sie in ein Loch fallen und vermutlich schwer depressiv werden würden. Diese Erkenntnis beinhaltet, dass sie ihren Selbstwert anhand der äußeren Umstände definieren.

Ich leite ein erfolgreiches Unternehmen, habe einen wundervollen Mann, tolle Kinder, bin eine gute Mutter und beim letzten Halbmarathon habe ich eine neue Bestzeit erreicht. Und schau mal, mein neues Sofa, schick, oder?

Das alles ist großartig, keine Frage. Doch deine Selbstliebe sollte unabhängig von diesen Äußerlichkeiten existieren. Du darfst dich um dich kümmern, auch wenn du keine Erfolge gefeiert hast. Du darfst dich selbst lieben, auch wenn andere Menschen es nicht tun.

Du bist. Punkt. Das reicht. Du existierst, du lebst, du bist Teil dieser Welt, und das ist wundervoll.

Perfektion ist eine Illusion.

Ich spüre diese Selbstliebe immer dann sehr deutlich, wenn ich allein bin. Nicht einsam, sondern allein. Der Philosoph Rabindranath Tagore soll gesagt haben: »Allein sein zu müssen, ist schwer – allein sein zu können, ist schön.«

Früher hatte ich immer gedacht, dass ich nie allein in den Urlaub fahren würde. Doch mit Beginn meiner Reise zu mir selbst habe ich mich allein auf den Weg zu Retreats gemacht.

So auch Ende 2016, als ich nach Malta flog. Im Flieger fühlte ich mich noch etwas verloren. Doch schon nach wenigen Tagen lernte ich zwei Menschen kennen, die ebenfalls auf der Reise zu sich selbst waren. Diese Erfahrung durfte ich immer wieder machen: Egal, wo auf der Welt du dich befindest – du wirst immer wieder Menschen begegnen, die auf einem ähnlichen Weg sind wie du selbst.

Einer der Männer, die ich kennenlernte, war Niederländer und wir nahmen beide am *Men's Circle* auf Gozo, einer kleinen Nachbarinsel von Malta, teil. Im *Men's Circle* kommen Männer zusammen, um ihre Persönlichkeit fernab von toxischen Männlichkeitsbildern neu zu definieren, sich mit ihren Emotionen zu verbinden und ihre Energie und Freude wiederzuentdecken. Es geht darum, mehr innere Ruhe und Klarheit zu finden sowie Vertrauen zu sich selbst und anderen Männern zu entwickeln.

So war ich zwar allein auf Reisen gegangen, fühlte mich aber in keinem Moment einsam. Im Gegenteil: Dadurch, dass ich allein unterwegs war, war ich viel offener für andere Menschen. Beim *Men's Circle* beispielsweise war auch Tom dabei – ein Kerl, der rein äußerlich eher Furcht einflößend wirkte.

»Dem will ich nicht allein im Dunkeln begegnen«, war mein erster Gedanke, als ich ihn sah: muskelbepackt, tätowiert, Glatze, schwarze T-Shirts. Alles an ihm schien »Gefahr« zu rufen. Doch in den gemeinsamen Tagen, in denen wir lernten, einen Zugang zu unseren Gefühlen zu finden, sprach er über seine Verletzungen und emotionalen Wunden, über die Krisen in der Beziehung mit seiner Frau, über die Überforderung, die mit zwei Kindern immer wieder einhergeht. Er war nahbar, verletzlich, ehrlich und offen, wir führten unglaublich intensive Gespräche.

Dieses Treffen zeigte mir einmal mehr, dass wir uns nicht von Äußerlichkeiten blenden lassen sollten. Wir alle, egal, wie stark wir nach außen wirken, sind verletzliche Seelen.

Ich genoss es sehr, abends allein im Bett zu liegen, die Erfahrungen des Tages in Ruhe sacken und die Gedanken schweifen zu lassen. Ich tankte Energie – nicht nur durch die neuen Begegnungen, sondern vor allem durch die Begegnung mit mir selbst.

Immer wieder brauche ich diese Erfahrungen des Alleinreisens, um neue Menschen kennenzulernen, aber auch Zeiten nur für mich zu haben, um Balance zu schaffen und zu spüren, dass ich mir selbst genug bin. Ich brauche nicht die Bestätigung von Freunden oder Chefs, dass meine Gedanken gut und richtig sind. Ich bin mir selbst genug. Ich glaube mir.

Nimm dir diese Zeit für dich, nenn sie »Me-Time« oder »Selbstliebe-Zeit« oder einfach nur »Auszeit«. Pass auf dich auf und liebe dich. Bedingungslos, nicht nur, wenn du dies oder jenes tust oder erreichst. Du bist deine Liebe wert. Immer.

Nimm Veränderungen an und *gestalte dein Leben*

Wenn diese Säulen stehen und du mit ihnen ein stabiles Fundament geschaffen hast, dann wird sich dein Leben verändern. Und dafür musst du nicht einmal allzu viel tun! Denn die Veränderungen werden sich von selbst einstellen. Weil du dich veränderst. Du darfst die Zeichen erkennen und neue Menschen und Erfahrungen in dein Leben lassen. So wirst du das »Dach« auf deine Säulen bauen.

Das klingt nun erst mal sehr abstrakt, doch wenn wir uns verschiedene Bereiche angucken – Verbindungen, Werte, Stärken und andere Meinungen –, wird deutlich, wie sehr du von deinem stabilen HEARTset profitierst.

1. Schaffe Verbindungen

Durch deine neue Sicht auf dich und die Welt wird etwas Magisches passieren: Du wirst Menschen begegnen, die dich auf deinem Weg begleiten werden, dich unterstützen und mit denen du tiefe Verbindungen eingehen darfst. Nach diesen Menschen musst du nicht suchen – sie werden dir über den Weg laufen. Vertraue darauf. Sei nicht skeptisch, sondern heiße diese Menschen willkommen in deinem Leben. Du wirst spüren, wenn es passt und die Energie fließt. Egal ob Liebesbeziehung, Freundschaft oder geschäftliche Partnerschaft – die »Beziehungsarbeit«, die du vorher möglicherweise als mühselig empfunden hast, funktioniert plötzlich wie von selbst. Diese Verbindungen werden dein Leben reicher machen. Ich habe mit dem Weg der Bewusstwerdung viele neue Freundschaften geschlossen, die ich nie wieder missen will. Allein durch die Ausstrahlung der Selbstakzeptanz, Vergebung und Selbstliebe wirst du Menschen anziehen, die dir richtig guttun.

2. Entdecke deine Werte

Mit deiner persönlichen Weiterentwicklung wirst du an der einen oder anderen Stelle bemerken, dass du lange Zeit deines Lebens Werte vertreten hast, die eigentlich gar nicht deinem wahren Selbst entsprechen. Ich habe mich beispielsweise über 20 Jahre lang um möglichst viel Sicherheit in meinem Leben bemüht. Erst als ich lernte, in mich hineinzuhören, erkannte ich, dass Sicherheit ein Wert ist, der aus dem Außen kam.

Meine Eltern und meine Oma prägten mir ein, wie wichtig Sicherheit sei: »Ergreife einen sicheren Beruf! Schmeiße nichts weg, was dir sicher ist! Riskiere nicht so viel, am Ende könntest du es bereuen!«

Diese Lehren habe ich aus meiner Kindheit mitgenommen. Kurz: Ich sollte mich lieber sicher langweilen, als riskant und abenteuerlustig zu scheitern. Doch in meinem tiefsten Inneren war mir der Wert »Sicherheit« noch nie sonderlich wichtig gewesen. Ich brauche keine Sicherheit, um mich wohlzufühlen. Im Gegenteil: Ich brauche die Option der Transformation und des Wandels, um ausgeglichen zu sein und optimistisch in die Zukunft zu schauen. Wo werde ich in 15 Jahren stehen? Ich habe keine Ahnung! Ist das nicht großartig? Ja, ich werde in manchen Momenten scheitern mit meiner Abenteuerlust. So what?

Diese Unvorhersehbarkeit macht mir keine Angst, sondern weckt meine Lebenslust und Neugier. Diese Erkenntnis war ein Augenöffner und bestärkte mich darin, meine eigenen Werte zu erkennen und zu leben. Ich durfte das, was in der Vergangenheit lag, abschließen, loslassen und dort liegen lassen. Das waren alte Werte, die zu anderen

Menschen gehörten. Ich darf *meinen* Weg gehen. Und du darfst *deinen* gehen.

Es kann bei dir auch genau umgekehrt aussehen. Vielleicht lebst du aktuell sehr abenteuerlustig und riskant, doch fühlst dich dabei ständig unwohl. Wenn du Sicherheit als Wert erkennst, der dir wichtig ist, kannst du dein Leben entsprechend neu justieren. Vergiss nie: Es geht auf deiner Reise nicht darum, meinen Weg nachzulaufen oder dir von irgendwem erzählen zu lassen, wie man lebt. Es geht darum, dass du erkennst, was *dir* wichtig ist. Du bist genau richtig, so wie *du* bist!

3. Nähre deine Stärken

Unser Gehirn hat eine blöde Angewohnheit: Es fokussiert sich allzu gern auf das Negative. Du bekommst von hundert Menschen Lob und eine einzige Kritik? Du wirst wahrscheinlich tagelang an dieser Kritik knabbern, statt dich über die überwältigende Mehrheit an Lob zu freuen. Wir neigen dazu, unsere persönlichen Schwächen schnell benennen zu können und immer wieder »daran arbeiten« zu wollen. Das ist zwar sehr löblich, doch sollten wir dabei nicht vergessen, auch unsere Stärken zu nähren. Denn auch sie brauchen Futter. Erinnerst du dich an die Geschichte von den zwei Wölfen aus Kapitel 5, in der der gute und der böse Wolf sich bekämpfen und der Häuptling sagt, dass derjenige gewinnt, den du häufiger fütterst? Darum geht es: Du sollst deine Stärken stärken, ihnen gutes Futter geben. Trage sie hinaus ins Leben, mach etwas draus. Zeige sie, teile deine Fähigkeiten. Wenn du deine Zeit ständig damit verbringst, dich mit deinen Schwächen zu beschäftigen, verlieren deine Stärken irgendwann an Energie. Durch die Säulen der Selbstakzeptanz und der Selbstliebe darfst du dich annehmen, wie du bist – perfekt zu sein ist sowieso unmöglich und wäre auch ziemlich langweilig. Also beschäftige dich mit deinen Stärken und nähre sie mit allem, was du hast. So lange, bis deine Schwächen keine Energie mehr haben.

Ein einfaches Beispiel zur Verdeutlichung: Du hast bei deinem Schulabschluss exzellente Noten in Mathe und Physik, aber in den Sprachen warst du nie besonders stark? Dann wirst du vermutlich beruflich einen Weg einschlagen, auf dem du dein Talent für Mathe und Physik nutzen kannst, anstatt noch jahrelang zu versuchen, ein sprachliches Talent zu werden. Und das ist genau richtig.

Wenn dir mehr dir Freundlichkeit von anderen Menschen wünschst, wäre es doch absurd, unfreundliche Menschen zu beschimpfen. Denn so produzierst du nur noch mehr negative Energie. Stattdessen kannst du das Verhalten (vor)leben, das du dir von anderen wünschst, und dich auf positive Menschen fokussieren. So nährst du den guten Wolf in dir, schickst positive Energie in die Welt und wirst ebendiese früher oder später auch wieder empfangen – das Resonanzprinzip wird dafür sorgen.

4. Kümmere dich nicht um andere Meinungen

Ich weiß, dass dieser Punkt der schwierigste von allen ist. Denn wir alle wollen geliebt werden und brauchen den Zuspruch von anderen. Manchmal wird uns eingeredet, dass wir ein mangelndes Selbstbewusstsein hätten, wenn wir uns nach Lob sehnen. Das sehe ich anders. Denn die Suche nach Anerkennung ist ein normales menschliches Verhalten. Natürlich will ich geliebt und gemocht werden. Und ja, auch mir tut Kritik immer ein bisschen weh. Wenn jemand behauptet, dass ihm all das völlig egal sei, glaube ich dieser Aussage nicht.

Doch weißt du, was entscheidend ist? Fiese Kommentare oder andere Meinungen sind für mich kein Grund, mich selbst infrage zu stellen. Ich würde nie an mir selbst zweifeln, nur weil mich jemand anders blöd, lächerlich oder uncool findet. Selbst wenn ich mal einen Fehler gemacht habe, kann ich mir diesen selbst vergeben, weil ich weiß, dass ich es in dem Moment nicht besser wusste. Ich darf daraus lernen und beim nächsten Mal anders handeln.

Egal ob gemeine Social-Media-Kommentare oder große Themen wie eine Trennung, ein Streit, eine zerbrochene Freundschaft – sie alle werden mit einem stabilen HEARTset gut abgefedert. Meine Säulen der Selbstakzeptanz, Vergebung und Selbstliebe sind fest in mir verankert, egal, was kommt. Und diese Sicherheit macht es möglich, dass mich konträre Meinungen nicht mehr von den Füßen reißen.

Es geht nicht um eine generelle »Scheißegal-Haltung«, mit der du rücksichtslos durchs Leben panzerst und alles platt walzt, was nicht deiner Meinung entspricht, sondern darum, welchen Stellenwert du anderen Meinungen gibst und wie du sie verarbeitest. Du darfst dir alles anhören, doch du allein entscheidest, was davon für dich relevant ist, was du annehmen willst, was in dir alte Verletzungen triggert, die du auf diese Weise erkennen und bearbeiten kannst und was du schlichtweg als »andere Meinung« abhaken und links liegen lassen kannst. Bleib bei dir, steh zu dir. Du bist wertvoll. Egal, was im Außen passiert.

Erfüllung und Dankbarkeit

Dein HEARTset bringt dich näher zu dir selbst. Statt dich auf das zu fokussieren, was außen um dich herum passiert, schaust du auf dem Weg der Bewusstwerdung immer wieder nach innen. Du beobachtest dich selbst, transformierst die Glaubenssätze, die dich blockieren, lässt los, was dich aufhält.

Das Interessante daran: Je mehr du nach innen schaust und an dir selbst arbeitest, desto mehr passiert im Außen. Ohne dass du dafür kämpfen oder aktiv werden musst.

Du brauchst nicht das zu tun, was andere von dir erwarten, um Erfolg zu haben, wie auch immer du Erfolg für dich definierst. Sondern du darfst das tun, was *du von dir selbst* erwartest, und der Erfolg wird sich von allein einstellen. Du wirst in deinem Traumjob arbeiten, wirst deinen Traumpartner oder deine Traumpartnerin finden und dein Traumleben leben. Ohne dass du dich dafür verbiegen musst. Denn du gehst *deinen* Herzensweg.

Diese Entwicklungen basieren auf dem Resonanzprinzip. Denn das, was du in die Welt gibst, kommt auch wieder zurück. Deine Glaubenssätze werden wahr.

Henry Ford soll gesagt haben: »Egal, ob du glaubst, dass du etwas kannst oder es nicht kannst, du hast recht.«

Also: Wenn du zweifelst, behältst du recht. Wenn du nicht zweifelst, auch. Wofür entscheidest du dich?

Ich weiß, dass solche Aussagen umstritten sind. Wir haben nicht alles in der Hand, können nicht alles im Leben beeinflussen. Doch wir können immer beeinflussen, wie wir mit Dingen umgehen. Deshalb glaube ich, dass der Grundgedanke dieser Aussage absolut richtig ist. Denn das, was du ausstrahlst, wird Realität. Das, was du in die Welt hineingibst, wird auf die eine oder andere Weise zu dir zurückkommen.

Diese positiven Dinge darfst du in Frieden und Dankbarkeit annehmen. Vielleicht bist du bei den ersten positiven Wendungen in deinem Leben noch skeptisch und fragst dich, ob das denn alles so richtig sei und ob du nicht allen – inklusive dir selbst – etwas vormachst. Ich hatte dieses Gefühl bei der Trennung auf Bali auch. Ich dachte: *Wieso bin ich nicht am Boden zerstört? Bin ich nun zum kaltherzigen Monster mutiert, dem sogar eine Trennung egal ist? Irgendwas daran ist falsch.*

Mir war die Trennung damals nicht egal, natürlich nicht. Doch es war eine sehr bewusste Trennung, in der ich mich von meinem HEARTset habe leiten lassen. Deshalb war es okay. Schmerzhaft, aber okay. Ich fiel nicht in ein Loch der Verzweiflung, verlor nicht die Verbindung zu mir selbst, sondern blieb erfüllt und – trotz allem – zufrieden.

Es sind alte Prägungen, die dich in solchen Momenten wieder mal daran zweifeln lassen, ob du genug bist.

Du bist genug. Du darfst glücklich und erfüllt leben. Auch in Krisenzeiten. Genieße die Erfüllung in Dankbarkeit.

9.
Die Macht der Vision

Ich habe bereits betont, dass du einen kleinen Schritt gehen und dich dafür feiern darfst. Doch ebenso wichtig ist es, eine Vision zu haben. Denn woher sollst du sonst wissen, in welche Richtung all deine kleinen Schritte gehen sollen?

Eine Vision, das klingt erst mal abstrakt, groß und wenig greifbar. Zudem werden die Begrifflichkeiten »Vision«, »Mission« und »Ziele« oft durcheinandergebracht. Deshalb klären wir erst einmal, was eine Vision überhaupt ist.

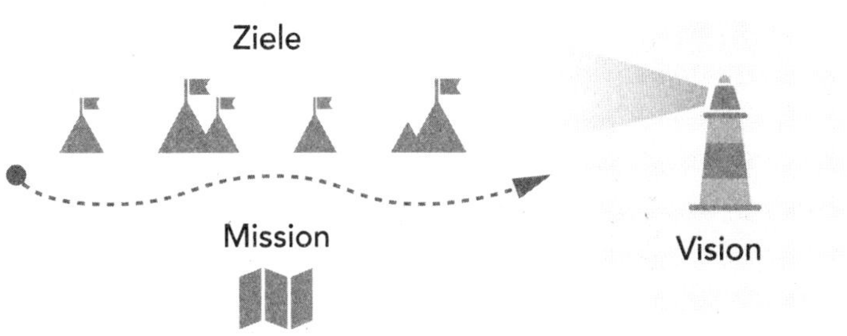

Eine Vision ist wie ein Leuchtturm, der dir den Weg weist

In dem Schaubild wird deutlich, wo die Unterschiede der Begrifflichkeiten liegen. Ich fasse es kurz zusammen: Die Vision gibt die Richtung vor. Die Mission ist die Route. Und die Ziele sind die Zwischenstopps auf dem Weg der Mission.

Bevor wir zur Vision kommen, die ich am wichtigsten finde, erzähle ich dir von meiner Mission, also von meinem Weg, der mich zur Vision führt. Meine Mission ist es, so viele Menschen wie möglich zu stärken, ihren authentischen Weg zu gehen. Unsere Gedanken und die richtige innere Haltung empowern uns, unser Leben nach unseren Wünschen zu kreieren. Das Fundament hierfür bilden die drei Säulen Selbstvertrauen, Selbstliebe und Selbstkenntnis. Diese sind erlernbar – wie das Einmaleins in der Schule. Ich helfe dir dabei, dieses Fundament zu schaffen, damit du das Leben leben kannst, das du dir wünschst. Dazu kreiere ich einfache, verständliche Inhalte und gebe dir und anderen Menschen Werkzeuge an die Hand, um selbst authentisch zu leben und zu lieben. Diesen Weg gehe ich seit einigen Jahren. Doch woher weiß ich, dass dieser Weg der richtige ist?

Wir kommen nun zur Vision. Dazu habe ich eine Definition gefunden, die sich zwar auf unternehmerische Visionen bezieht, aber meiner Meinung nach sehr gut erklärt, worum es geht:

»Eine Vision ist die motivierende, positiv formulierte Vorstellung des Zustandes, den Sie mit Ihrem Unternehmen erreichen wollen. Mit einer Vision geben Sie die Richtung an […]. Die Vision drückt aus, wo und wofür Sie in der Zukunft stehen wollen.«[10]

Hier wird klar, dass eine Vision größer ist als die einzelnen Ziele. Die Vision ist der Leuchtturm, nach dem sich alle unternehmerischen Entscheidungen richten. Beispiele für Visionen von Unternehmen sind:

»Eine gerechte Welt ohne Armut.« (Oxfam)[11]

»Spread ideas.« (TED)[12]

»Exploring the secrets of the universe for the benefit of all.« (NASA)[13]

»Imagine a world in which every single human being can freely share in the sum of all knowledge.« (Wikipedia)[14]

»We want to entertain the world.« (Netflix)[15]

Du siehst anhand dieser Beispiele, dass es bei einer Vision nicht um unternehmerische Strategien oder Aktivitäten geht, sondern um die große Idee. Es geht nur um die Frage: Wofür steht das Unternehmen? Eine Vision hilft einerseits dabei, ein Statement für die Außenwelt zu setzen, andererseits, um nach innen immer wieder zu hinterfragen, ob Entscheidungen und Zielsetzungen der Vision entsprechen.

Genauso verhält es sich mit einer persönlichen Lebensvision. Sie ist ein Polarstern, der dir den Weg weist. Bevor du losrennst, ist es sinnvoll, deine Vision für dich zu definieren, damit du auch eine Mission und sinnvolle Zielsetzungen entwickeln kannst. Wenn die Vision steht, geht es mit den Maßnahmen zur Umsetzung oftmals viel leichter. Immer wieder bekomme ich die Rückmeldung, dass es sich anfühle, »als sei ein Knoten geplatzt«, wenn diese Klarheit entsteht. Eine Vision ermutigt dich, dein Leben in die Hand zu nehmen, setzt psychische und physische Kräfte frei und fördert dein Selbstvertrauen. Wenn du nicht am Steuer deines eigenen Lebens sitzt, wirst du irgendwo hingefahren, wo du vielleicht gar nicht hinwillst. Also: Übernimm das Steuer. Kreiere *deine* Vision.

Oprah Winfreys Vision ist ein tolles Beispiel:

»I want to fulfill the highest, truest expression of myself as a human being.«[16]

Auch ich habe mir Gedanken dazu gemacht, welchem »Polarstern« ich folge: Meine Vision ist es, Menschen mit nachhaltigen Methoden auf ihrem authentischen Weg zu unterstützen und zu empowern, sodass sie ihr eigenes Leben in Frieden, Leichtigkeit und einem erfüllten HEARTset leben können.

Diese Vision hat für mich zwei Facetten. Zum einen will ich Menschen auf ihrem Weg begleiten. Zum anderen will ich all die hilfreichen Tools nicht für mich behalten, sondern weitergeben. Mit der HEARTset-Coach-Ausbildung möchte ich Menschen genau die Methoden an die Hand geben, mit denen ich selbst mein Leben geändert habe und bereits vielen anderen helfen konnte, ihren Weg zu finden. Ich habe in den letzten Monaten viel Herzblut in das Ausbildungsprogramm gesteckt und weiß, dass dieser Weg genau der richtige ist. Denn je mehr HEARTset-Coaches in der Welt sind, desto mehr Menschen werden ein Leben in Leichtigkeit führen. Ich liebe diese Vorstellung.

Und auch hier zeigt sich: Bei allem, was ich tue und entscheide, habe ich meine Vision im Kopf. Es geht immer darum – ich wiederhole ihn noch mal, weil es so ein wichtiger Satz für mich ist –, Menschen mit nachhaltigen Methoden auf ihrem authentischen Weg zu unterstützen und zu empowern, sodass sie ihr eigenes Leben in Frieden, Leichtigkeit und einem erfüllten HEARTset leben können.

Schon 2017 ist diese Vision in mir gereift. Ich war damals auf Malta und hatte gerade den Tempelkomplex Ħaġar Qim besichtigt. Die riesigen Steine beeindruckten mich zutiefst. So viel Leben wurde hier gelebt, so viele Menschen haben hier geweint, gelacht, gebetet und gehofft, so viele Geschichten sind hier geschehen. Die Energie der Vergangenheit war nicht verloren, sie war in diesen Tempelanlagen zu spüren.

»Und was hinterlasse ich in dieser Welt?«, fragte ich mich.

Ich setzte mich auf eine kleine Stufe vor den Tempel und schaute aufs Meer, sortierte meine Gedanken. Ich stand damals noch am Anfang. Doch genau wie heute spürte ich die Flamme in mir. Ich war auf dem richtigen Weg. Und schon damals wusste ich, dass ich diese Erfahrung auch anderen Menschen ermöglichen und meine Zufriedenheit weitergeben wollte.

Ich nahm mir mein Notizbuch und schrieb in der Sonne Maltas all meine Gedanken auf, die sich in den folgenden Tagen Stück für

Stück zu meiner Vision formten, die bis heute ein entscheidender Faktor dafür ist, dass ich mit meinem Handeln andere Menschen erreiche. Ich weiß, wer ich bin, wofür ich stehe und wofür ich brenne. Ich bin davon überzeugt, dass dieses (Sicher-seiner-)Selbst-bewusst-Sein der Erfolgsfaktor schlechthin ist.

»In dir muss brennen, was du in anderen entzünden willst«, soll der Bischof und Kirchenvater Augustinus Aurelius gesagt haben. Wie sieht es in dir aus? Wofür brennst du?

Kreiere deine Vision – kreiere dein Leben

Ich weiß, es erscheint wie eine nahezu unlösbare Aufgabe, »mal eben« eine Lebensvision zu benennen. Und ja, der Prozess, eine Vision zu entwickeln, ist nichts, was man nebenbei erledigt wie das Schreiben einer Einkaufsliste. Doch es lohnt sich. Ich habe ein paar Tipps, die dich deiner Vision näherbringen.

1. Wirf Erwartungen über Bord

Geh nicht auf die Suche nach einer Vision, die »gut klingt«. Denk nicht darüber nach, ob andere Menschen deine Vision zu banal oder blöd finden. Es geht hier nicht um Superlative. Das Beste an einer Vision: Du musst sie niemandem verraten, wenn du nicht willst. Sie ist nur für dich gedacht. Dein Polarstern, dein Leuchtturm. Du musst nicht wie Oprah Winfrey oder Barack Obama auf Bühnen stehen und die Relevanz deiner Vision erklären. Also: Sei du selbst. Schau nur nach innen. Und lass den Druck los. Deine Vision muss nur dir gefallen. Manchmal blockieren dich alte Themen, die du zuerst für dich abschließen und loslassen musst. Wenn du spürst, dass da noch etwas ist, empfehle ich dir, die sieben Schritte des Loslassens aus Kapitel 7 noch einmal zu durchlaufen.

2. Finde Ruhe und reise in die Zukunft

Bevor du in einem chaotischen Büro panisch drauflosdenkst, was denn nun deine Vision sein könnte, finde erst einmal zur Ruhe. Geh spazieren, vielleicht hast du eine Lieblingsbank im Wald oder am See, auf die du dich setzen und die Augen schließen kannst. Atme tief ein und aus, meditiere gern ein paar Minuten. Nun versuche, in eine ideale Zukunft zu schauen. Was würdest du gern sehen, spüren, fühlen? Wie geht es dir? Mache dir Notizen, schreibe alles auf, was dir in den Sinn kommt. Hier geht es nicht um richtig oder falsch, alles darf sein.

3. Kreiere ein Vision Board

Anhand deiner Notizen und Gedankenreisen kannst du dir nun ein Vision Board gestalten (falls du das nicht sowieso schon getan hast). Von den Vorteilen habe ich dir bereits in Kapitel 7 erzählt: Die ständige Präsenz so eines Vision Boards sorgt dafür, dass du sehr viel häufiger und schneller dieses neue Gefühl spürst und deine Vision nie aus den Augen verlierst. Zitate, Bilder, Textpassagen, auf dem Vision Board ist alles erlaubt.

Ich verspreche dir: Visualisierungen sind magisch. Denn wenn du deine Vision ganz klar und deutlich vor dir siehst, ist die Wahrscheinlichkeit viel höher, sie wirklich zu erreichen.

4. Formuliere deine Vision

Versuche nun, deine Gedanken zu strukturieren und zu sortieren. Während bisher die Inhalte direkt aus deinem Herzen kamen, darf nun der Kopf wieder ran. Verschaffe dir einen Überblick über deine Visualisierungen und Notizen, finde Cluster und Muster. Versuche, deine Vision in zwei oder drei Absätzen auszuformulieren. Am nächsten Tag versuchst du, auf einen Absatz zu kommen. Reduziere immer weiter auf zehn Sätze, fünf Sätze, drei Sätze. Und vielleicht schaffst du es, dass am Ende nur noch ein Satz dasteht.

Fühlt es sich richtig an? Fühlt sich diese Vision nach dir an? Spürst du, wie ein Glücksgefühl durch deinen Körper rauscht, wenn du deinen Satz liest?

Übrigens: Wenn du das Gefühl hast, nicht weiterzukommen, kann ein Coaching dabei helfen, deine Gedanken zu strukturieren. Ich habe mir in meinem Findungsprozess ebenfalls Hilfe geholt. Das ist kein »Versagen«, sondern ein Zeichen von Stärke.

Interview mit deinem *zukünftigen Ich*

Ein weiteres Tool, das ich immer wieder nutze, um zu hinterfragen, ob ich gerade auf dem richtigen Weg bin, ist das Interview mit meinem zukünftigen Ich. Probier es mal aus – am besten, wenn du gerade vor einer Entscheidungsfindung stehst. Schreib dir in solchen Momenten das Datum deines 85. Geburtstags auf. Schau die Zahl an, lass sie auf dich wirken. Stell dir vor, was für ein Mensch du zu diesem Zeitpunkt gern wärst. Was du alles schon erlebt und durchgemacht hast, was du alles über- und verstanden hast. Da sitzt nun wahrscheinlich ein ziemlich lässiger, cooler Mensch im Schaukelstuhl, ein wissendes Lächeln im Gesicht und die weise Gelassenheit des Alters in der Seele, mit der es ganz einfach gelingt, sich von äußeren Erwartungen zu befreien.

Und dann versuche dir vorzustellen, dieser alte Mann oder diese alte Frau zu sein und mit deinem heutigen Ich zu sprechen. Da steht nun dieser Mensch vor dir, jünger, fitter, agiler, aber eben auch viel unsicherer als du. Mit deinen 85 Jahren hörst du dir alles an und nickst langsam vor dich hin.

Was würdest du dem Jungspund, der da vor dir steht und hadert, raten? Was ist wichtig, was zählt im Leben? Welche Antworten findest du, wenn du mit der Weisheit des Alters die heutigen Probleme betrachtest?

Diese Perspektive erdet mich in vielerlei Hinsicht immer wieder. Manche Dinge, die im Alltag riesig erscheinen, werden plötzlich ganz klein. Und Kleinigkeiten, die im Stress zu kurz kommen, werden wieder wichtig. Mein 85-jähriges Ich rät mir beispielsweise oft, dass ich die Momente der Freude bewusst genießen soll, auch wenn mein Leben gerade stressig ist, und dass das Glück in den kleinen Dingen des Lebens steckt. Und der alte Mann sagt auch manchmal, dass ich ein paar Rückenübungen machen soll, wenn ich mal wieder zu lange am Schreibtisch sitze.

Im Ernst: Die »Schaukelstuhl-Übung«, wie sie immer wieder genannt wird, rückt im Kopf vieles zurecht. Auch beim Überprüfen deiner Vision kann der Blick aus der Zukunft helfen – lebt dein Zukunfts-Ich diese Vision? Wenn nicht, wieso nicht? Wenn ja, fühlt es sich gut und richtig an? Justiere deine Vision gern noch einmal nach, wenn du spürst, dass etwas nicht stimmt. Sprich in Gedanken mit deinem Zukunfts-Ich und lass dir von dir selbst den Kopf waschen. Du wirst merken, wie du deine Prioritäten dadurch neu ordnest und dir Entscheidungen leichter fallen.

10. Alles wird gut – der Weg ist das Ziel

Eines wirst du in den nächsten Monaten auf der Reise der Bewusstwerdung merken: Immer wenn du denkst, dass jetzt alles richtig gut läuft und du alles richtig machst, springst du mit Anlauf ins Schlamassel. Das klingt lustig, kann aber wirklich wehtun. Was passiert, wenn du merkst, dass dein Partner und du andere Zukunftsvorstellungen habt? Der Schritt der Trennung kann unglaublich hart sein. Von außen betrachtet könnte man sagen: Mensch, klasse! Es ist stark, dass du für dich einstehst und das durchziehst! Doch wie sieht die Realität dieser Stärke aus? Wahrscheinlich wirst du weinend alte Fotos anschauen und dich fragen, wie du so blöd sein konntest, einen so wunderbaren Menschen gehen zu lassen.

Diese Zweifel sind normal und menschlich. Und sie gehören zur Stärke dazu. Ich habe in den letzten Kapiteln immer wieder betont, dass der Weg zu dir selbst nicht immer leicht sein wird. Dass du straucheln und stolpern und fallen wirst. Genau solche Situationen meine ich. Bei dir selbst zu sein bedeutet manchmal, Entscheidungen zu treffen, die sich im ersten Moment nach einer ausgewachsenen Lebenskrise anfühlen. Doch langfristig werden sie dir dabei helfen, deinen Weg zu gehen, bei dir zu bleiben, für dich einzustehen. Denn wenn du dem Universum klarmachst, dass es jetzt um dich geht, wird es dir entsprechende Antworten geben. Nein, es wird dich nicht mit Glückseligkeit überschütten und dir alles, was du dir je gewünscht hast, auf dem Silbertablett präsentieren. (Schade eigentlich ...) Im Gegenteil: Es wird dich prüfen. Es wird dir Fallen stellen und Steine in den Weg legen, um so zu fragen: Willst du das wirklich?

Du wirst an diesen Herausforderungen wachsen. Wirst spüren, wie stark du wirklich bist und wie du all die negative Energie in etwas Positives transformieren kannst. Stück für Stück wirst du deinen Zweifeln gelassener begegnen, wirst sie lieben lernen, weil sie dir Fragen stellen, die dich deinem wahren Selbst näherbringen.

Zudem wirst du merken, dass nicht alles so ist, wie es auf den ersten Blick erscheint. Manches, was groß wirkt, ist in Wirklichkeit klein. Was weit weg wirkt, ist in Wirklichkeit ganz nah. Man könnte auch sagen: Das Universum spricht in Paradoxen. Was genau bedeutet das?

Du kennst bestimmt das Gefühl, dass das, was du dir wünschst, unglaublich weit weg ist. In einem Coaching-Gespräch habe ich beispielsweise Kathrin kennengelernt, die das Gefühl hatte, ihr ganzes Leben umkrempeln zu müssen, weil sie so unzufrieden war. Sie hatte viele Ideen, was sie verändern könnte: Umzug in eine neue Wohnung, neuer Job, vielleicht sogar ihre Beziehung beenden, denn ständig stritt sie sich mit ihrer Partnerin. Gemeinsam arbeiteten wir daran, dass sie den Fokus veränderte. Statt im Außen nach Lösungen zu suchen, richtete sie den Blick erst einmal nach innen. Viele Themen kamen zum Vorschein, die wir bearbeiteten, viele Glaubenssätze, die wir transformierten. Stück für Stück kam sie sich selbst näher. Tatsächlich veränderte sie nur eine einzige Sache im Außen: Sie sprach mit ihrem Arbeitgeber und wechselte innerhalb ihres Unternehmens die Position. Es war ein einziges, unproblematisches Gespräch, ein erstaunlich einfacher Wechsel und das Ergebnis war beeindruckend. Kathrin war sehr viel ausgeglichener, ihre Beziehung lief besser und in ihrer Wohnung fühlte sie sich auch wieder wohler. Statt riesige Veränderungen anzustoßen, reichten ein kleiner Schritt und eine Veränderung der Perspektive auf sich selbst, um ihr Leben in eine neue Richtung zu lenken.

Ein neuer Gedanke kann deine ganze Welt verändern.

Geh einen Schritt. Feiere diesen Erfolg. Klopfe dir selbst auf die Schulter. Geh dann den nächsten Schritt.

Kennst du die Geschichte vom Straßenfeger Beppo aus dem Buch *Momo*?

Nach seiner Arbeit setzt sich Beppo immer zu Momo und die beiden unterhalten sich. Er beschreibt ihr, wie sehr es ihn unter Druck setzt, wenn er die ganze Straße vor sich sieht, die er noch kehren muss. Wenn er diesen ganzen Berg an Arbeit vor sich sieht, glaubt er, dass er diesen nicht bewältigen kann. Und dass er überhaupt nicht weiterkommt, wenn er dann hektisch wird. Stattdessen hat er folgende Lösung:

»Man darf nie an die ganze Straße auf einmal denken, verstehst du? Man muss nur an den nächsten Schritt denken (...).«[17]

Er beschreibt Momo, wie er immer einen Besenstrich nach dem anderen macht und wie überrascht er ist, wenn er, ohne es wirklich zu merken, plötzlich die ganze Straße fertig gekehrt hat. Ganz ohne Hektik und mit viel Achtsamkeit und Freude.

Ist das nicht eine großartige Lehre? Schritt für Schritt. Beppo denkt immer nur einen Schritt weiter. Natürlich hat er das große Ziel vor Augen – seine Aufgabe ist es, die Straße zu fegen –, doch dieses Ziel verfolgt er so, dass es ihm Spaß macht und er nicht ständig aufblickt und in Stress gerät. Wenn ein Schritt schwieriger ist, dann nimmt er sich die Zeit dafür, ohne zu denken: »Oh Gott, wie soll ich das schaffen?«

Er scheint in dieser Tätigkeit ganz bei sich – heute würde man wohl sagen: »im Flow« –, zu sein. Er hat keine Angst.

Und genauso brauchst du keine Angst zu haben, auch wenn auf der Straße deines Lebens viel zu kehren ist. Das wird gut!

Manchmal gibt es auch eine Überraschung. Dann ist die Straße nicht kilometerlang, sondern die Antwort, nach der du gesucht hast, liegt nur fünf Schritte vor dir.

Du darfst mit Freude loslegen, darfst die Transformation beginnen und dein Leben gestalten. Was für ein Geschenk! Du wirst erfüllter und bewusster leben und Gefährten treffen, die dich begleiten und unterstützen. Auch wenn das Universum dich ab und zu herausfordert und überprüft, ob du es wirklich ernst meinst. Du bist stärker, als du denkst.

Deine *eigenen* Spielregeln

Neulich spielte ich mit Mia, der kleinen Tochter von Freunden von mir, ein Gesellschaftsspiel. Auf dem Spielbrett war ein Weg mit Feldern eingezeichnet, auf dem die Spielfigur entlanggehen sollte.

Mia würfelte. »Zwei!«, rief sie und nahm die Spielfigur zwischen ihre Finger. Sie zögerte. Dann sprang sie quer über das Spielfeld auf einen anderen Platz und grinste mich breit an.

»He, du musst doch den Weg entlanggehen!«, rief ich mit gespielter Empörung, grinste und stemmte die Hände in die Hüften.

»Nö, guck mal«, sie setzte die Spielfigur zurück auf den vorherigen Platz. »Ich gehe hier entlang, eins …«, sie zog die Spielfigur ein Feld vor, »und dann quer durch, zwei!« Nun sprang die Figur über die Wiese des Spielfelds und Mia ließ sie dabei fröhlich durch das aufgemalte Gras hüpfen. »Dup-di-dup-di-duuu, ist doch lustig!«

Ich musste lachen. »Machen wir also einfach unsere eigenen Regeln?«

»Jaaaa!«

Vermutlich sollte ich viel häufiger mit Kindern spielen, um von ihnen zu lernen. Denn Mia hat erkannt, dass sie die Macht hat, ihre eigenen Regeln zu schreiben. Sie fand das Spiel langweilig, zumindest wenn sie sich an den vorgegebenen Pfad hielt. Stattdessen hatte sie eine bessere Idee und sprang – schwupp – einfach quer über das Spielfeld. Wieso eigentlich nicht? Beim Spielen geht es doch um den Spaß. Mias Papa erzählte mir daraufhin, dass er mit seinem Bruder schon im Kindergartenalter Monopoly gespielt hatte. Sie erfanden eigene Regeln, tauschten Geldscheine hin und her, bauten Hotels und Häuser auf das Spielfeld und hatten einen Heidenspaß. »Wir hatten keine Ahnung. Und weißt du, was verrückt ist? Monopoly hat mir nie wieder so viel Freude gemacht wie damals«, sagte er und wuschelte Mia durch die Haare. »Du machst das genau richtig. Mach deine eigenen Regeln.«

Ich weiß, dass in vielen Bereichen des Lebens »Spielregeln« beziehungsweise Gesetze und menschliche Umgangsformen ihre Berechtigung haben. Doch viel zu oft fühlen wir uns von inneren Glaubenssätzen so gehemmt, dass wir aus dem Blick verlieren, in gewissen Momenten einfach das zu tun, worauf wir Lust haben. Wir hinterfragen viele »Spielregeln« gar nicht mehr, obwohl sie möglicherweise nur in unseren Köpfen existieren. Oftmals sind es die Erwartungen anderer, nach denen wir uns richten. Die Eltern, die Freunde, die Partnerin oder der Partner, alle haben ihre Vorstellungen von uns. Sei brav, aber sei auch wild. Sei gut aussehend, aber nicht arrogant. Sei erfolgreich, aber prahle nicht. Von allen Seiten kriegst du Ratschläge aus der einen oder anderen Richtung. Und der Grat, auf dem du balancieren musst, um alle anderen glücklich zu machen, ist denkbar schmal. Und wenn du von ihm abweichst, spürst du die Stimmen in dir, die dich sofort zurechtweisen – die aber meistens nicht deine eigenen sind.

Manchmal kommt das diffuse Gefühl hinzu, »die Gesellschaft« erwarte gewisse Dinge. Dass man mit Mitte 30 eine Familie gründet, ein Eigenheim besitzt oder versucht, auf der Karriereleiter immer weiter nach oben zu klettern. Dass Mütter sich um ihre Kinder kümmern und im ersten Jahr nach der Geburt zu Hause bleiben, dass Väter viel Geld verdienen müssen. All das sind Erwartungen, die durch unsere Sozialisierung an uns herangetragen werden und die wir verinnerlicht haben. Die meisten von uns versuchen unbewusst, diese zu erfüllen. Auch Schönheitsideale gehören dazu.

Doch was, wenn es sich nicht richtig anfühlt? Was, wenn du als Mutter schnell wieder arbeiten willst? Was, wenn du keine Kinder haben willst? Was, wenn du keine Führungsposition anstrebst und die Karriereleiter wieder ein Stück nach unten gehst? Was, wenn dir ein Haus viel zu viel Arbeit ist? Ist das schlimm? Nein, im Gegenteil! Es ist großartig, wenn du diese Erkenntnis hast. Denn das bedeutet, dass du nicht blind irgendwelchen Erwartungen folgst, sondern überlegst, was du tief in deinem Inneren willst. Denn das Wichtigste bei all diesen Dingen: Es muss *dir* entsprechen. So wie Mia, die mit ihrer Figur einfach quer über die Spielwiese gehüpft ist. Dein ganzes Leben ist diese Spielwiese! Der einfachste Weg ist quer durch – denn das ist *dein* Weg. Dabei stolperst du mal, na klar. Manchmal musst du dich auch an gewisse Regeln halten. Doch hab dabei immer Urvertrauen. Glaub daran, dass alles gut wird. Hab Spaß! Denn Optimismus lohnt sich immer. Der Philosoph Richard David Precht sagte mal in einem Interview: »Ein Optimist, der scheitert, hat immer noch ein weit sinnvolleres Leben geführt als ein Pessimist, der recht behält.«[18] Was für eine schöne Aussage, oder?

Wenn du dir im Klaren darüber bist, wo du hinwillst, dann kannst du diese klaren Botschaften auch in die Welt hinaussenden. Bleib bei dir, dann wird alles gut!

Vom Klo-Putzer zum *Coach* und *Therapeuten*

Ich will dir zum Abschluss noch erzählen, wie meine persönliche Geschichte weiterging. Weil ich glaube, dass es wichtig ist, zu verstehen, dass auch mein Weg nicht von Beginn an von Erfolgen gesäumt war.

Am Anfang habe ich bereits erzählt, wie ich als Kind Astronaut werden wollte und stattdessen in einer Ausbildung zum Versicherungskaufmann im öffentlichen Dienst landete. Ich habe mir meine Träume Stück für Stück kleinreden und zerstören lassen. Doch ich glaube, dass meine Geschichte ein Beweis dafür ist, dass es immer einen Weg gibt, das eigene Leben in die Hand zu nehmen. Jeder Tag ist eine neue Chance, etwas zu verändern.

Ein echtes Highlight meiner sehr jungen »Karriere«, das ich bisher verschwiegen habe: 2001 habe ich Büro-Klos geputzt. Ich ging damals noch zur Schule, wollte mein Taschengeld aufbessern und fand einen Job in einer Reinigungsfirma. Ich schrubbte also mit Gummihandschuhen und diversen Lappen bewaffnet Toilettenbrillen, leerte Papierkörbe aus und wischte Schreibtische ab. Das war zwar kein Highlight, doch auch Teil meines Weges. Genauso wie meine Ausbildung zum Versicherungskaufmann später, mein Job als Unternehmensberater und Start-up-Gründer. All diese Erfahrungen haben mich weitergebracht. Weil sie mir gezeigt haben, was ich *nicht* will und in welchem Umfeld ich unzufrieden bin. Ich strampelte mich Stück für Stück frei und erkannte zuerst nur, was ich nicht wollte, ohne genau zu wissen, was ich wollte. Ich probierte vieles aus und spürte immer wieder: Das ist es noch nicht. Da ist noch etwas anderes. Das Universum hat noch mehr für mich. Weiter geht's. Aufgeben war keine Option.

Ich ging auf die Suche, besuchte Coachings und Weiterbildungen, sprach mit Schamanen, Coaches, Autoren und vielen anderen Menschen, die sich auf unterschiedliche Weise mit Themen rund um die Selbstfindung auseinandergesetzt hatten. Ich kam meinem wahren Selbst immer näher, erlebte bewusstseinsverändernde Sessions und nahm überall etwas für mich mit.

Und dann wurde nach und nach etwas Größeres daraus. Ich weiß noch, wie ich 2018 nach einem Retreat in London meine erste Story bei Instagram veröffentlichte. Ich erzählte, dass ich fünf Key-Learnings aus dem Retreat mitgenommen hatte. »Wenn du wissen willst, welche Learnings das sind, schick mir deine E-Mail-Adresse, dann teile ich sie mir dir«, schrieb ich in meine Story.

Ich hatte erwartet, dass sich vielleicht zehn oder zwanzig Menschen anmelden würden. Doch die Resonanz war überwältigend. Über hundert Follower schickten mir ihre E-Mail-Adressen. Und so begann mit einer Instagram-Story auch meine neue berufliche »Story«. Zum ersten Mal nahm ich eine Art Podcast auf, der eigentlich nur eine Sprachnachricht war, die ich per Mail verschickte. Die Resonanz war enorm. Viele Menschen bedankten sich und erzählten mir, wie meine Worte sie inspiriert haben.

»Ich war zu Tränen gerührt«, schrieb mir eine Hörerin.

»Dank dir lerne ich mich selbst besser kennen und lieben«, eine andere. Weitere Nachrichten waren unter anderem:

»Es tut so gut, zu hören, dass sich auch andere Menschen im Umbruch befinden. Nun fühle ich mich nicht mehr so allein!«

»Danke, dass du mich zum Nachdenken bringst.«

»Danke, danke, danke, du hast es auf den Punkt gebracht!«

Ist das nicht unglaublich schön? Dieses Feedback war für mich überwältigend. Die Welle der Dankbarkeit und das Gefühl, etwas in Menschen zu bewegen und mit meinem Tun so einen Einfluss zu haben, lösten so viele Glücksgefühle und so viel Erfüllung in mir aus, dass ich sofort wusste: Genau das ist es. Hier will ich weitermachen.

Ich bin angekommen. Dieses Gefühl, andere Menschen mit meinen Gedanken inspirieren zu können, war für mich einzigartig. Gänsehaut. So richtig hatte sich noch nie ein Job angefühlt, auch wenn es zu dem Zeitpunkt noch gar kein Job für mich war. Das Universum zeigte mir unmissverständlich: Hier entlang! Das ist es!

Also machte ich weiter. Etwa ein Dreivierteljahr lang arbeitete ich parallel als Coach und in meinem Start-up. Eine sehr intensive Zeit, in der ich viel zu viel arbeitete und viel zu wenig schlief. Doch es war ein anderer Stress als damals in der Unternehmensberatung. Denn dort hatte ich die To-dos erfüllt, die mir von anderen auferlegt wurden und die ich erledigen musste, egal, ob ich sie für sinnvoll hielt oder nicht. Nun war es anders. Ich selbst beschloss, alles zu geben, um mich als Coach und Therapeut zu positionieren. Die Motivation kam aus mir heraus, ich selbst entschied, was sinnvoll war und was nicht.

Es funktionierte. Die Nachfrage fürs Coaching wurde immer höher – gleichzeitig kam Corona und zerstörte viele meiner Ideen und Planungen. Doch ich erkannte, dass genau das die Prüfungen des Universums waren: Will ich das wirklich? Oh ja, und ob! Ich machte das Beste aus der Pandemie und setzte voll auf digitale Angebote. Die Akzeptanz für und der Bedarf an Online-Coachings war hoch. Somit spielte mir die Pandemie schlussendlich sogar in die Karten, einen Weg zu finden, der zu mir passte. Heute schaue ich mich um und denke: »Genau hier bin ich richtig. Hier bin ich ich. Ich habe mein HEARTset aufgebaut und auch wenn Zweifel und Sorgen immer wieder aufkommen, weiß ich, was ich will und wo ich hingehöre. Ich hatte und habe Urvertrauen und weiß, dass alles gut wird. Und nun darf ich anderen Menschen helfen, ihren eigenen Weg zu finden und ihr HEARTset gemeinsam mit ihnen aufzubauen. Ich darf weitergeben, was mich weitergebracht hat.« Und das empfinde ich als unfassbares Glück.

Auch hinsichtlich der Liebe bin ich ganz bei mir. Ich bin geduldig, kenne meine Schwächen und habe einige Prägungen meiner Kindheit aufgearbeitet. Wenn ich auf meinem Weg bleibe, wird der richtige Mensch für mich kommen.

All das erzähle ich dir nicht, um zu prahlen. Sondern ich will dir zeigen, dass auch du immer und jederzeit die Chance hast, dein Leben zu verändern. Bei mir hat es 28 Jahre gedauert, bis ich mich mit mir selbst beschäftigt habe und erkannte, wie ich mich von den Erwartungen anderer befreien kann. Egal ob du 20, 40 oder 60 Jahre alt bist, auch du kannst jetzt beginnen, bewusster zu leben. Es ist nie zu früh. Es ist nie zu spät. Es gibt nur dich im Hier und Jetzt.

Willkommen in deinem Leben

Ich bin stolz auf dich. Du hast dich mit dem Lesen dieses Buches auf den wichtigsten Weg deines Lebens gemacht, deinen Herzensweg. Du hast dich dafür entschieden, ein erfülltes, bewusstes Leben zu führen, in dem du unabhängig von den Erwartungen anderer handeln und dich selbst lieben und wertschätzen darfst.

Vielleicht denkst du, dass alles viel zu langsam geht und dass du dich kaum weiterentwickelst. Stimmt das wirklich? Diese fünf Anzeichen sprechen dafür, dass du auf der Reise bist – auch wenn es sich manchmal nicht so anfühlt:

1. Du schaust nicht mehr mit Bedauern und Groll, sondern in Frieden in die Vergangenheit.
2. Du hörst auf die Bedürfnisse deines Körpers und nimmst diese ernst.
3. Deine Freundschaften verändern sich. Manche enden, andere

kommen hinzu. Vielleicht ändert sich auch die Qualität deiner Freundschaften, die gemeinsamen Aktivitäten, die Gesprächsthemen.
4. Du bist geduldig mit deinen Zielen und Träumen. Du weißt, dass große Veränderungen in kleinen Schritten passieren.
5. Deine Interessen verändern sich. Dinge, die dir früher wichtig waren, wirken plötzlich banal, andere Themen werden dafür viel wichtiger.

Merkst du, dass sich doch schon viel mehr verändert hat, als dir bewusst war? Es lohnt sich, dein Leben von Zeit zu Zeit auf diese Weise zu betrachten, um zu spüren, wie weit du schon gekommen bist. Sei stolz auf dich. Du allein hast diese Veränderung erschaffen.

Das Leben ist eine ständige Transformation. Es wird Zeiten geben, in denen du scheiterst, stolperst und dich fragst, ob du alles richtig machst. Doch das muss dich nicht davon abhalten weiterzumachen. Du darfst Altes loslassen und dein Leben selbst in die Hand nehmen. Du darfst dein HEARTset kreieren und dadurch mehr Freude und Gelassenheit in dein Leben bringen. Und dann kommen Zeiten des Friedens, der Leichtigkeit und der Zufriedenheit auf dich zu. Du sitzt am Steuer. Irgendwann fühlst du dich nicht mehr vom Leben verändert, sondern du veränderst dein Leben.

Wenn du mit deinem HEARTset in Verbindung stehst, wirst du in stürmischen Zeiten ruhiger bleiben und nie die Verbindung zu dir selbst verlieren. Denn alles, was du brauchst, trägst du in dir. Auch wenn es in deinem Leben dunkle Zeiten gibt.

Glaub mir: Du bist nicht allein. Du wirst geliebt. Und dafür braucht es keinen Grund. Vergiss das nie.

Nachwort

Als ich 28 Jahre alt war, stand ich vor den Trümmern meines Lebens.

Was soll das alles?, fragte ich mich.

Wozu weitermachen?

Wird es je wieder besser?

Werde ich es je richtig machen?

In mir drin war es verdammt dunkel in dieser Zeit. Deshalb ist es mir eine Herzensangelegenheit, die Menschen zu erreichen, die an genau solch einem Punkt im Leben stehen, an dem sie nicht weiterwissen.

Ich habe einen Weg aus der Dunkelheit gefunden. Mehr noch: Erst durch die Akzeptanz der Dunkelheit habe ich erfahren, wie hell ich strahlen kann.

Doch ich habe all das nicht per Fingerschnipp geschafft. Es hat viele Stunden des Coachings und viele erschütternde Erkenntnisse über mich selbst gekostet, aus dem Tal herauszukommen.

Ich verstand Stück für Stück, dass das, was ich bisher Leben und Liebe genannt hatte, nicht das war, was ich Leben und Liebe nennen will. Ich hatte Erwartungen erfüllt, nicht mehr und nicht weniger. Mein Leben hat sich völlig verändert, seit ich damit aufgehört habe und nicht mehr das tue, was andere von mir erwarten, sondern meine Erwartungen selbst definiere.

Heute stehe ich hier, schaue auf mein Leben und lächle zufrieden.

Nicht falsch verstehen: Auch ich streite mich, ich ärgere mich, ich diskutiere, ich gehe Kompromisse ein. Ich lebe ein völlig normales Leben. Doch dabei verliere ich mich selbst nie aus dem Blick. Ich bin ständig mit mir selbst in Verbindung, alte Verletzungen sind geheilt und destruktive Glaubenssätze habe ich transformiert.

Ja, das geht wirklich. Das sagen diese Coaching-Leute nicht nur so.

Deshalb kann ich dir ehrlich sagen: Es lohnt sich. Ich habe dieses Buch geschrieben, um dir meine Erfahrungen und Lehren weiterzugeben. Ich möchte dich dabei unterstützen, deinen Weg zu finden, dich frei zu machen, loszulassen, damit auch du Leichtigkeit, Sinnhaftigkeit und Selbstliebe spüren kannst. Und ich hoffe, du konntest viel für dich mitnehmen.

Mein Tipp: Schau immer mal wieder in das Buch hinein, wenn du merkst, dass du vom Weg abkommst. Mach was draus.

Du bist stärker, als du denkst.

Dein größter Unterstützer
Chris

Über den Autor

Chris Bloom ist erfolgreicher Podcaster, Coach und Therapeut. Mit 28 Jahren und einem MBA in der Tasche kam er voller Vorfreude aus den USA zurück – doch dann war plötzlich nichts mehr, wie es sein sollte. Seine langjährige Beziehung ging zu Bruch und Chris stand an einem Scheidepunkt: Folgt er seinem Herzensweg oder bleibt er in seinen alten Mustern treu? Seitdem lautet seine Mission: Liebe dich selbst und der Rest folgt! Mit mit seinem Podcast »Realtalk für deine Seele« erreicht er Zehntausende von Menschen. Zudem ist er Gründer der »Chris Bloom Akademie«, die Menschen in ein erfülltes Leben begleitet und HEARTset-Coaches ausbildet. Die Kernthemen seiner Arbeit: Heilung alter Muster, Bewusstseinsentwicklung und Selbstliebe. Sein Motto: HEARTset on!

Web: chrisbloom.de

Instagram: **@chris.bloom_**

Endnoten

1 https://www.health.harvard.edu/blog/how-to-foster-independence-in-children-2019110518223

2 Vgl. im Folgenden: https://www.arte.tv/de/videos/085801-001-A/dopamin/

3 FOMO ist die Abkürzung für »Fear of missing out«, also die Angst, etwas zu verpassen.

4 Voss, Bernhard: *Körperspuren*. 2. Auflage, Kösel Verlag, 2020, Seite 45 ff.

5 Ebd. S. 46

6 Vgl. ebd.

7 Gefühle oder Emotionen? Genau genommen ist ein Gefühl nur ein Teil einer Emotion. Eine Emotion besteht neben dem Gefühl auch aus Denkprozessen und körperlichen Reaktionen. Der Einfachheit halber verwende ich die Wörter »Emotionen« und »Gefühle« dennoch synonym, weil dies in der Alltagssprache gängig ist.

8 vgl. https://brainworldmagazine.com/stroke-of-genius-an-interview-with-dr-jill-bolte-taylor/2/

9 Anmerkung: Solltest du ein Opfer von Gewalt oder Stalking sein, geh bitte zur Polizei und versuche nicht zu verdrängen, was passiert ist.

10 https://www.akademie.de/de/wissen/unternehmensvision-entwickeln/was-ist-eine-vision-0

11 https://www.oxfam.de/ueber-uns/oxfam/governance/vision

12 https://www.ted.com/about/our-organization

13 https://www.nasa.gov/careers/our-mission-and-values

14 https://wikimediafoundation.org/about/vision/

15 https://about.netflix.com/en

16 https://www.youtube.com/watch?v=9uY0qN3riac&t=36s

17 Ende, Michael: *MOMO oder Die seltsame Geschichte von den Zeit-Dieben und von dem Kind, das den Menschen die gestohlene Zeit zurückbrachte,* 1973, K. Thienemanns Verlag, Stuttgart, Seite 36 f. (angepasst an die neue Rechtschreibung).

18 https://www.handelsblatt.com/politik/deutschland/philosoph-richard-david-precht-was-kommt-nach-dem-kapitalismus/20453460.html